気《き》候《こう》危《き》機《き》！
子どもたちが地球を救う

堤　江実・著
切刀正行・監修

汐文社《ちょう ぶん しゃ》

もくじ

第一章　たったひとりですわりこんだグレタ・トゥーンベリ……6

第二章　気候変動ではなく、気候危機《きき》……21

第三章　セヴァン・スズキからグレタ・トゥーンベリへ……32

第四章　世界を変える子どもたち……52

ボイヤン・スラット（オランダ）

プラスティックごみ回収《かいしゅう》装置《そうち》を発明

マリネル・スモーク・ウバルド（フィリピン）

異常気象による災害《さいがい》に生き残って

カカシャン・バスー（アラブ首長国連邦・UAE）
グリーン・ホープ・ファウンデーションを十二歳《さい》で設立
ジェイミー・マーゴリン（アメリカ）
気候変動にたちむかう活動「ゼロ・アワー」を十四歳《さい》で設立
井上《いのうえ》寛人《ひろと》（日本）
フライデーズ　フォー　フューチャー　東京

第五章

今、わたしたちにできること……82
おわりに……98
解説　切刀正行……104

「これまでにないものすごく暑い日が続いたり、雨が降《ふ》らず、地面がからからになって作物がそだたないような異常《いじょう》な気象がひんぱんに起きる原因《げんいん》は、温室効果《こうか》ガスの増加《ぞうか》です。

温室効果《こうか》ガスの増加《ぞうか》による地球の温暖化《おんだんか》は、確実《かくじつ》に進んでいます。

その原因《げんいん》がわたしたち人間の活動だということは、99％たしかです。

いろいろな証拠《しょうこ》から、それがはっきりしてきたのですから、もううやむやにするのはやめて、温室効果《こうか》ガスの増加《ぞうか》による地球規模《きぼ》の温暖化《おんだんか》をみとめるべき時です」

こう話したのは、当時NASA（アメリカ航空宇宙局《こうくううちゅうきょく》）の科学者だったジェームズ・E・ハンセン博士です。

もう三十年以上も前、一九八八年、アメリカの上院議会での証言《しょうげん》でした。

温室効果《こうか》というのは、ビニールハウスと同じように地球があたためられることを言います。

そして、石炭や石油を燃《も》やした時に出る二酸化炭素《にさんかたんそ》・CO_2は、ちょうどそのビニールと同じような役目をする温室効果《こうか》ガスなのです。

第一章 たったひとりですわりこんだグレタ・トゥーンベリ

「わたしは、グレタ・トゥーンベリ。九年生。
　気候のための学校ストライキをします」

二〇一八年の夏休みが終わって新学期がはじまった時、十五歳《さい》のグレタは、スウェーデンの国会議事堂の前にたったひとりですわりこみました。

スウェーデンの新聞が募集《ぼしゅう》した気候変動についてのエッセイコンテストで、グレタは最優秀賞を受けていました。

気候危機《きき》について知れば知るほど、グレタはますます心配になりました。

「今、世界が人類史上最悪の危機《きき》にあると知っていながら、どうして大人たちは平気な顔をしていられるのだろう」

スウェーデンは、ちょうど総選挙《そうせんきょ》の前でした。

でも、グレタの見る限《かぎ》り、公約に、気候変動についてどうしたらいいかと言っている候補者《こうほしゃ》はほとんどいませんでした。

どうしたら、あの人たちに、地球の温暖化《おんだんか》をふせぐために二酸化炭素《にさんかたんそ》を出す量をへらすことを公約にしてほしいと伝えることができるだろう。

だれも動かないことにがまんができなくなったグレタは、手書きのプラカードを持って、ひとりですわりこみをすることにしました。

総選挙《そうせんきょ》までの三週間、毎日、雨の日も風の日も、学校を休んでストライキをしたのです。

お父さんもお母さんも、はじめはなんとかやめさせようとしました。

ほかの大人たちも、まだ子どもなのに、学校に行かずに授業《じゅぎょう》も受けないなんて……と心配しました。

グレタは言いました。

「このまま何もしないでいたら、人類はぜつめつしてしまうかもしれないのよ。わたしたちの未来はないかもしれないのに、なんで勉強する意味があるの？」

たったひとり、たった一枚《いちまい》のプラカードだけで、ただだまってすわり続けるおさげ髪《がみ》の少女のことは、すぐにSNSで全世界に知られることになりました。

なん人もの人がそばにやってきて一緒《いっしょ》にすわりこんだり、たくさんの国の、たくさんのテレビや新聞などが、グレタの話を聞きに集まってきました。

世界中が、グレタのことを話しはじめました。

三週間がたちました。

選挙は終わり、グレタは学校にもどりました。

でも、抗議《こうぎ》を続けるために、こんどは、毎週金曜に学校を休む「未来のための金曜日」（FRIDAYS《フライデーズ》 FOR《フォー》 FUTURE《フューチャー》）という運動をすることにしました。「ストライキなんかやめて、学校に行き、勉強して気候学者になって危機《きき》をすくうことを考えたらどうかという人がいます。

でも、わたしたちが大人になって何かができるようになるまで待っているわけにはいかないんです。

もうまにあわないかもしれないんですから。

たしかに、子どもには危機《きき》を解決《かいけつ》する力はないかもしれません。

でも、どうしたらこの危機《きき》をさけることができるかはとても単純《たんじゅん》で、小さな子どもでもわかることです。

温室効果《こうか》ガスをとめること。

わたしたちが生きのこるために、気温が上がるのをなんとか1・5度以下におさえること。

それだけです。

このまま何もしなければ、食べ物をそだてることもできなくなり、住むところもなくなるというのがわかっているのに、なぜ政府《せいふ》は何もしないのでしょう。

解決《かいけつ》方法はもうわかっています。

行動が必要なんです。

そうする必要があるなら、すぐにやめるべきです。

なんとか気づいてほしい。そしてできることをしてほしい。

わたしを批判《ひはん》する人がいるのも知っています。

でも、わたしの声を聞かなくてもいい。世界中でほとんどの科学者が言っていることに耳をかしてくれれば、それでいいのです。

あなたたちが科学に耳をかたむけ、わたしたちに未来をあたえてくれたら、すぐにでも学校にもどります。

わかっているのに、なぜそうしないのか、話題にさえしないのか、わたしにはわかりません。

たとえどんなにふゆかいなことでも、はっきり話す必要があるなら、わたしはそうします。

わたし、きっとものすごくきらわれるだろうな」

グレタは、勇気をもって声を上げ続けます。

そしてそれは、またたくまに世界中に広がり、地球のあちこちで、グレタに続く若《わか》い人たちが声を上げました。

今では、「未来のための金曜日」運動をする子どもたちが、世界中にいます。

グレタは今、世界中のいろいろな会議に呼《よ》ばれ、訴《うった》えています。


「わたしたちの家が燃《も》えているんです。

自分の家が火事だというのに、火が消えたらこんどはどんな家を建てようかなどとのんびりすわっていたりはしないでしょう。

何が起きているかを知って、わたしと同じように恐怖《きょうふ》を感じてほしい。パニックになってほしい。

心配することはない。だいじょうぶだなんてなぐさめてなんかほしくない。行動してほしいんです。

気候危機《きき》は、信じるか信じないかではなく、事実なのですから」


「毎日わたしが感じている恐怖《きょうふ》を、大人のみなさんも感じてほしい。危機《きき》にふさわしい行動をとってください」

ダボス会議・二〇一九年一月
（ダボス会議＝世界の政治家《せいじか》、経営者《けいえいしゃ》、学者たちが地球規模《きぼ》の問題を解決《かいけつ》しようと、集まって話しあう会議）

「この現在《げんざい》進行形の無責任《むせきにん》な行為《こうい》は、人類史上最悪の失敗として記憶《きおく》されることはまちがいないでしょう」

イギリス議会・二〇一九年四月

「あなたたち大人は、ただの子どものわたしたちの声なんか聞きたくないでしょう。でも、わたしたちは、気候変動に関する国際連合枠組条約《こくさいれんごうわくぐみじょうやく》（ＵＮＦＣＣＣ）をくりかえしているだけです。

解決策《かいけつさく》はすでにそろっています。

あとは、目をさまして行動すればいいだけです。

政府《せいふ》には、気候変動対策《たいさく》の強化と、化石燃料《ねんりょう》からクリーンエネルギーに代えることを進めてほしい。

わたしたち子どもは、あなたたちをめざめさせるために、通りに出ているのです」

「あなたたちは、わたしの夢《ゆめ》を、子ども時代を、からっぽなことばでうばってきたんです。

苦しんでいる人たちがいます。死んでいく人たちがいます。生態系《せいたいけい》が破壊《はかい》され、たくさんの種《しゅ》がぜつめつしているんです。

それなのに、あなた方は、お金の話や経済《けいざい》成長のおとぎ話ばかりしている。

科学は三十年以上にわたって、はっきり言ってきたのに、あなたたちは見て見ぬふりを続け、わたしたちを見すててきたんです」

国連気候行動サミット・二〇一九年九月二十三日

ニューヨークで開かれた国連気候行動サミットで、グレタもスピーチをするよう招《まね》かれたのにあわせて、気候危機《きき》に対して何もしようとしない政府《せいふ》や企業《きぎょう》などに抗《こう》議《ぎ》するデモが行われました。

二〇一九年、九月二十日から二十七日まで、世界中でくりひろげられたデモは、実に、一八五か国、七六〇万人にもなりました。

九月二十日、まず世界で最初に夜があけるオーストラリアのシドニーにはじまり、インド、アフリカ、ヨーロッパ、アメリカ、台湾《たいわん》、ホンコン、アジア、中東、インドネシア、シンガポール、日本、……。

一五〇か国、五五〇〇か所に集まった人々は、イタリア一五〇万人、ドイツ一四〇万人をはじめ、それぞれ何万人、何十万人が、街の広場や通りをうめつくしました。

子どもたちや若者《わかもの》に手をひかれて、親たちも学校の先生も政治家《せいじか》も街に出ました。

ニューヨークでは、デモに参加する生徒は、親の許可《きょか》があれば学校を休むことがゆるされ、市長がデモ行進のいちばん前に立ちました。

これまでにないほどのたくさんの人たちが、手書きのプラカードを持って、歌いながら、笑いながら、行進しました。

「THERE《ゼア》 IS《イズ》 NO《ノー》 PLANET《プラネット》 B.《ビー》」（地球の代わりはほかにない）

「地球はみんなのシェアハウス」

「わたしたちの家が燃《も》えている」

「気候変動がほんものの国家非常事態《ひじょうじたい》だ」

「わたしたちの未来に、大人は責任《せきにん》を持ってほしい」

「環境《かんきょう》悪化の被害《ひがい》を実際《じっさい》にこうむるのは、わたしたち若《わか》い世代。もうだまってはいられない」

グレタを先頭に、世界中で、大きなうねりがまき起こり、それぞれの国で活動をはじめています。

「わたしたちの未来のために、今すぐ、CO_2をとめよう」と。

グレタは今、高校を卒業しましたが、大学には行かず、気候変動対策《たいさく》の活動のために世界を飛びまわっています。

でも、グレタは飛行機を使いません。

スウェーデンから国連のあるニューヨークに行く時は、何日もかけて風と太陽を使い、ヨットに乗って行きました。

移動《いどう》には、CO_2をたくさん出す飛行機を使わずに船や鉄道を使おうと呼《よ》びかけるグレタに続こうと、ヨーロッパでは鉄道の旅行をえらぶ人がふえています。

「気候危機《きき》は、地球全体の問題です。

なぜ一日に二〇〇種《しゅ》ものいのちが消えていっているというのに、平気でいられるのでしょう。

わたしが五十歳《さい》になった時、七十五歳《さい》になった時、子どもたちや孫たちが聞くでしょう。

なぜ、まだ時間があった時に、何もしなかったのかと。

CO_2を出すのをとめなければならないのがわかっているのですから、すぐにやめるべきなんです」

「すべての人がたすけあいながら行動しなければ手おくれになります。

わたしたちは、権力《けんりょく》を持っている人々が、科学に耳をかたむけ、行動することをもとめます。

いのちの星と、安全な未来のために」


グローバル気候マーチ、モントリオール・二〇一九年九月二十七日

グレタは、二〇一九年、アムネスティ・インターナショナルの良心の大使賞にえらばれました。

彼女《かのじょ》自身と、「未来のための金曜日」の活動にたいして。

それにこたえてグレタは言いました。

「この賞は、世界中で一緒《いっしょ》に活動してくれたすべての若者《わかもの》たちのものです。

もし、それがどんなに重要なことか知れば、何かをしなければならない責任《せきにん》があることがわかるでしょう。

今すべきは、行動です。
ちがいをつくるのに、小さすぎるなんてことはないのです」

第二章 気候変動ではなく、気候危機《きき》

二〇一九年十月十二日。

日本に、ものすごく大きな台風がやってきました。

台風十九号、のちに、令和元年東日本台風という名前がつきました。

これまでにだれも経験《けいけん》したことがない大雨。

これまでにだれも経験《けいけん》したことがない暴風《ぼうふう》。

数十年に一度という災害《さいがい》が起こるかもしれないと、テレビでは、アナウンサーが緊張《きんちょう》した顔で、一日中言い続けていました。

「いのちを守ることをまず考えて、避難《ひなん》してください」

関東から東北まで、一年の三割《わり》から四割《わり》の量が、わずか一日か二日で降《ふ》るというものすごい雨が降《ふ》りました。

ごうごうと音をたてて荒《あ》れくるう川がテレビにうつしだされます。家々はどす黒い水にのみこまれ、橋が落ち、道路がずたずたになり、その道路を、ものすごい速さで茶色い泥水《どろみず》が流れはしります。

台風が北へ去り、雨と風がおさまったあともなお、川の水はいきおいをまし、堤《てい》防《ぼう》はあちこちで限界《げんかい》をこえてこわれ、つぎつぎに町を、畑を、田んぼを、果樹園《かじゅえん》をのみこみ続けました。

たくさんの人々が亡《な》くなりました。

これまでにだれも経験《けいけん》したことがない被害《ひがい》が、たくさんの人々の幸せなくらしを奪《うば》いました。

まだだれも経験《けいけん》したことのないほどたくさんの雨に、だれも想像《そうぞう》できなかったことが起こったのです。

だれもが、ぼうぜんとした顔で、ただ信じられないと言い続けました。

こんなにものすごい雨や風は、見たことがない、生まれてはじめてだと、どのおとしよりも言いました。


最近は、日本だけでなく、世界中、これまでに見たことも聞いたこともないような異常《いじょう》気象による災害《さいがい》があちこちで起きています。

二〇一九年、フランスでは、観測《かんそく》を始めてから最高の46度という暑さになりました。

アラスカやシベリアでも30度をこえました。

毎月のように、観測《かんそく》を始めてからいちばん暑い月だったという発表がされています。

インドでは、雨が降《ふ》らず、地面がかわいて、農作物がとれなくなりました。

オーストラリアやスペインでも、記録的に雨が少なくて、地面はかわき、地下水までかれてしまいそうです。

このままでは、今世紀末には、半分以上の土地で農業ができなくなると、心配されています。

農業ができなくなるということは、食べるものがなくなるのですから、大変です。

南アジアのあちこちでは、何もかものみこむような洪水《こうずい》。

そして、日本では、集中豪雨《ごうう》。

南米のアマゾンでは、三万九千件《けん》もの森林火災《かさい》が発生。前の年より78%も多いのです。

オーストラリアやアメリカ中西部では、たえまない山火事が起こっています。

北極に近いグリーンランドの氷は、これまでよりはるかに早くとけていて、それまで氷の上を犬ぞりが走っていたようなところが、今では、とけだした水の上を船がはしります。

コラム❶

令和元年東日本台風で降《ふ》った雨の量《りょう》はどのくらい？

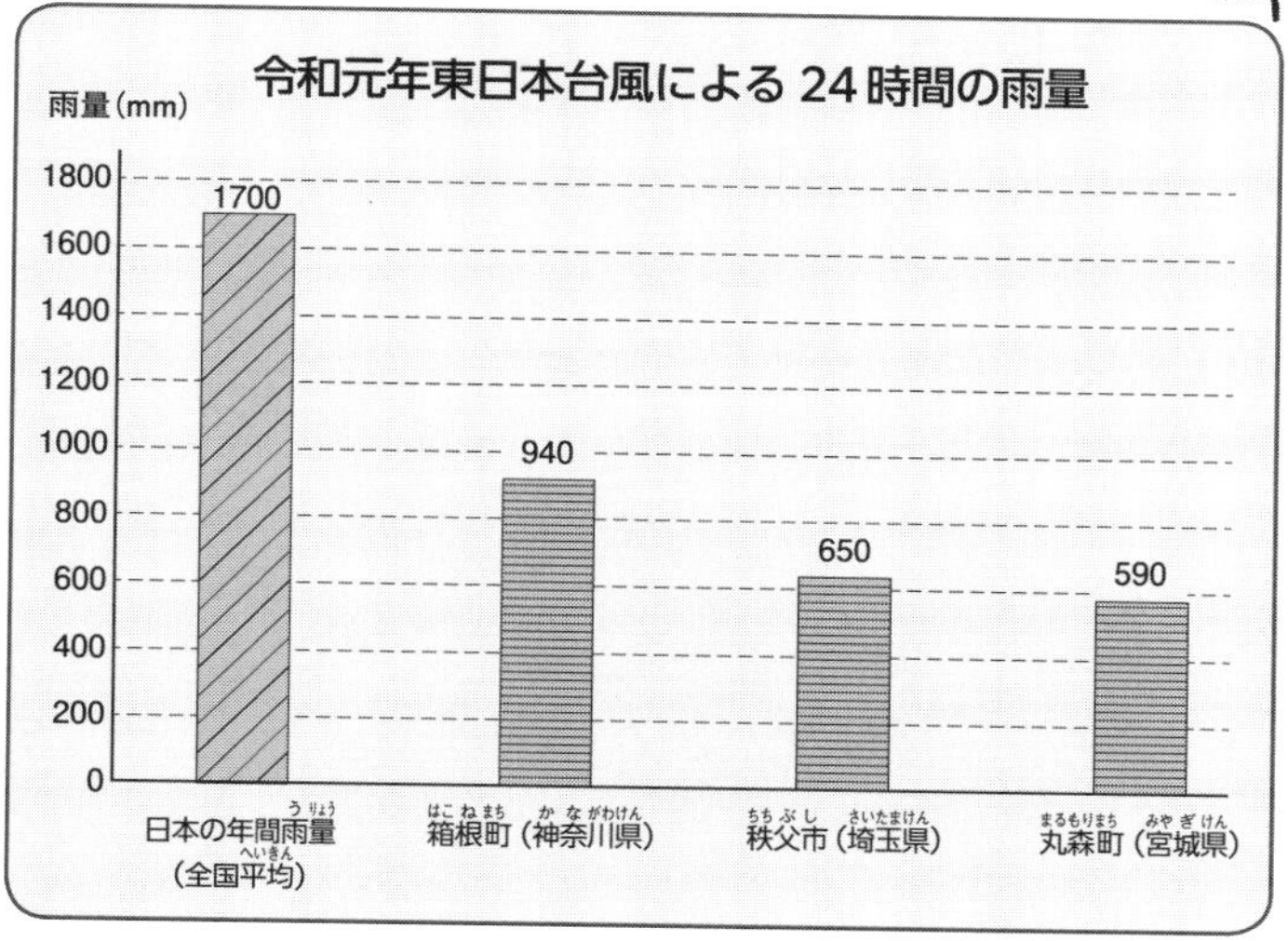

日本で1年間に降《ふ》る雨の量《りょう》は、全国平均《へいきん》で約《やく》1700mmです。
2019年10月の令和元年東日本台風で、箱根町《はこねまち》（神奈川県《かながわけん》）では、
1年間に降《ふ》る雨の量《りょう》の半分以上《いじょう》にあたる900mmを超《こ》える雨が、
わずか24時間で降《ふ》りました。
このグラフは24時間の降水量《こうすいりょう》ですので、
降《ふ》り始めから降《ふ》り終わりまででは
さらに多くの雨が降《ふ》ったことになります。

世界中の氷河《ひょうが》もとけています。
だれも見たことがない。
だれも聞いたことがない。
これまでにないことが、起こっているのです。
いったい地球はどうしてしまったのでしょう。

二〇一九年九月二十五日、気候変動に関する政府《せいふ》間パネル（IPCC）が、こんなことを発表しました。

「このままのペースで化石燃料《ねんりょう》による大気汚染《おせん》が続き、CO_2がふえ続ければ、二一〇〇年には、海の表面は、最大で1・1メートル高くなり、海水は酸性化《さんせいか》して、魚をとる量は24・1％へってしまう。

世界中の氷河《ひょうが》も、最大約半分消えてなくなり、海に面したところでは、百年に一度の大災害《だいさいがい》が毎年起きるようになる。

南極や北極の氷もとけ、森がなくなれば、温室効果《こうか》ガスはますますふえる。そして、もうあともどりができないところまで行ってしまうかもしれない。

このまま進めば、動物も植物も半分が消えてなくなり、何億人もの生命をささえる生態系《せいたいけい》に深刻《しんこく》な変化が起きる。

住んでいる国が水に沈《しず》んでなくなったり、土地が乾燥《かんそう》して食べ物が作れなくなったりして、そこにいられなくなって難民《なんみん》となる人の数は、アフリカや、南アジア、中南米では、二〇五〇年までに一億四千万人になると考えられる」

十八世紀の産業革命《かくめい》以来、人類は、石炭や石油を燃《も》やして、二酸化炭素《にさんかたんそ》を出し続け、森の木を切り、自然を思うように変えてきました。

地球の資源《しげん》は、人間がいくらでも使いほうだいだとでもいうように。

温室効果《こうか》ガスを出し続け、地球の温暖化《おんだんか》が進めば、海水温度が1度上がるたびに、そのエネルギーを吸収《きゅうしゅう》して発達する台風やハリケーンは、ますます大型になり、洪水《こうずい》や、暴風《ぼうふう》、土砂災害《どしゃさいがい》などが起こります。

大気汚染《おせん》がこのままだと、危険《きけん》な温室状態《じょうたい》がずっと続くことになります。

もし気温が2度上がれば、そうなる可能性《かのうせい》があります。

もうすでに産業革命《かくめい》から現在《げんざい》までに1度上がっているのです。

今、地球の気温は、気候が安定し、人類が繁栄《はんえい》することになった最終氷期《ひょうき》以来（一万年前）、もっとも高くなっています。

このままいけば、百年もたたないうちに、川はあふれ、まわりの町は暴風雨《ぼうふうう》にさらされ、地球は人が住めるところではなくなるかもしれないというのです。

コラム❷

今のままだと、地球の海面は どのくらい上昇《じょうしょう》してしまうのかな？

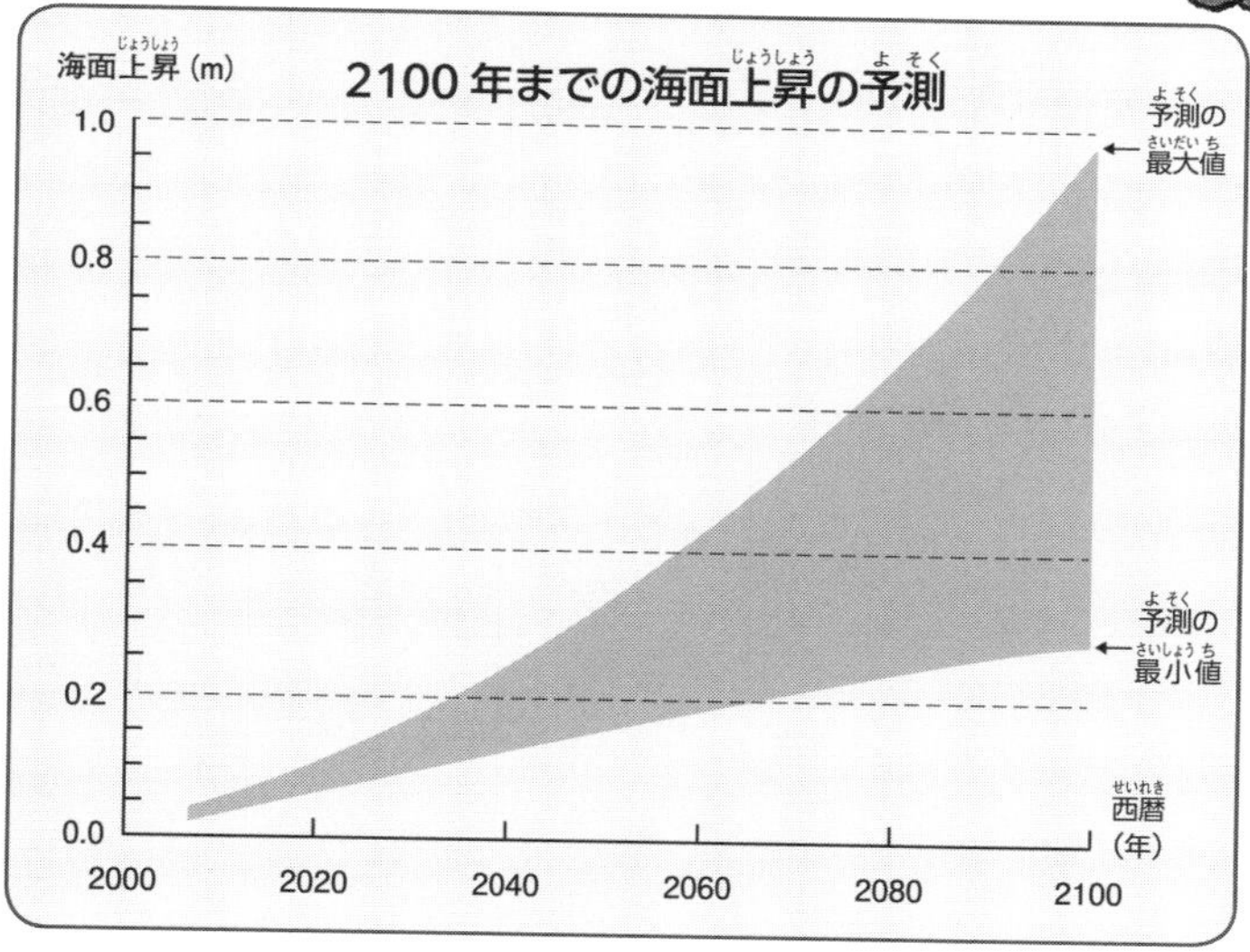

IPCCは、このまま温暖化対策《おんだんかたいさく》をとらないと、
地球の海面は、2100年には約《やく》1m上昇《じょうしょう》すると予測《よそく》しています。
一方で、今から十分な対策《たいさく》を行えば、
約《やく》0.3m程度《ていど》の海面上昇《じょうしょう》に
おさえられるとも予測《よそく》しています。

二〇一九年の令和元年東日本台風で、わたしたちが見た光景は、ぶきみなほど、ＩＰＣＣの予測《よそく》とピッタリかさなります。

コラム③

ここ150年間で、地球全体の気温はどのくらい変《か》わったの？

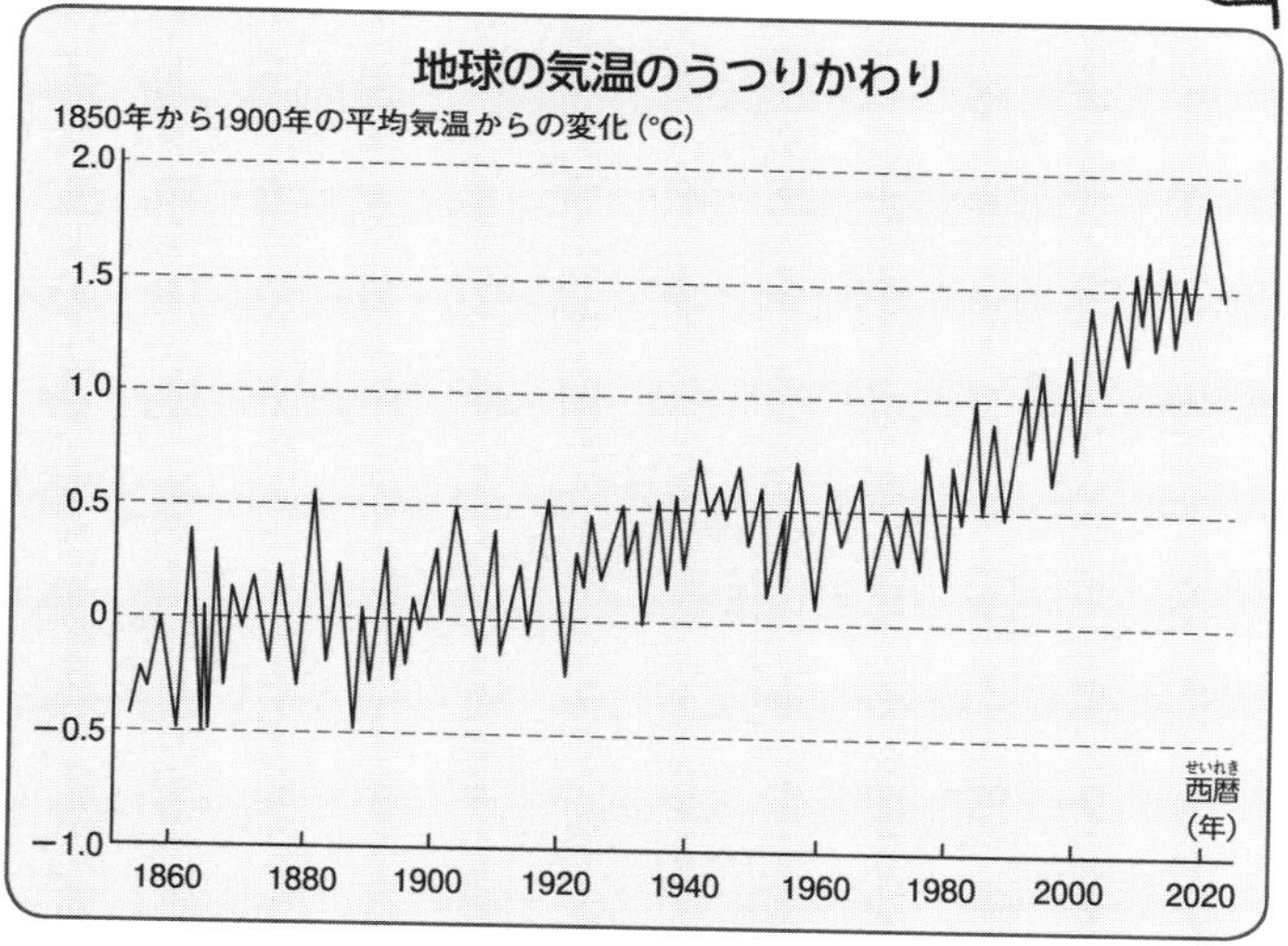

わたしたちが暮《く》らしている陸地《りくち》の気温は、
この150年で約《やく》1.5度上昇《じょうしょう》しています。
(IPCC 土地関係特別報告書《かんけいとくべつほうこくしょ》をもとに作成《さくせい》)

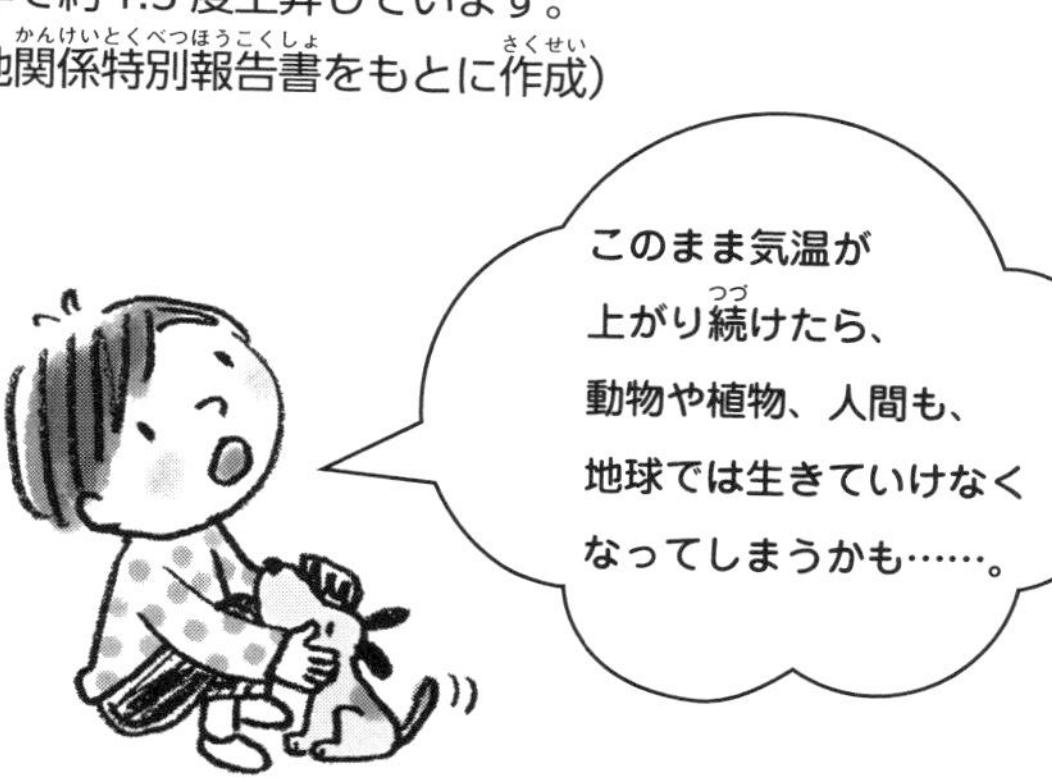

第二章 セヴァン・スズキからグレタ・トゥーンベリへ

「私はまだ子どもですが、ここにいる私たちみんなが同じ大きな家族の一員であることを知っています。50億以上の人間からなる大家族。いいえ、じつは3千万種類の生物からなる大家族です。（中略）

私は子どもですが、みんながこの大家族の一員であり、ひとつの目標に向けて心をひとつにして行動しなければならないことを知っています。私は怒《おこ》っています。でも、自分を見失《みうしな》ってはいません。私はこわい。でも、自分の気持ちを世界中に伝えることを、私はおそれません。（中略）

もし戦争のために使われているお金をぜんぶ、貧《まず》しさと環境《かんきょう》問題を解決《かいけつ》するために使えばこの地球はすばらしい星になるでしょう。私はまだ子どもだけどそのことを知っています。

学校で、いや、幼稚園《ようちえん》でさえ、あなたたち大人は私たち子どもに、世のなかでどうふるまうかを教えてくれます。たとえば、

争いをしないこと
話しあいで解決《かいけつ》すること
他人を尊重《そんちょう》すること
ちらかしたら自分でかたづけること
ほかの生き物をむやみに傷《きず》つけないこと

わかちあうこと
そして欲《よく》ばらないこと

ならばなぜ、あなたたちは、私たちにするなということをしているんですか。（中略）

あなたたちはいつも私たちを愛しているといいます。しかし、いわせてください。

もしそのことばがほんとうなら、どうか、ほんとうだということを行動でしめしてください。」（後略）

セヴァン・カリス＝スズキ（十二歳《さい》）
（学陽書房刊『あなたが世界を変える日』より
ナマケモノ倶楽部《くらぶ》／編《へん》・訳《やく》）

今から二十八年前、一九九二年六月。

ブラジルのリオ・デ・ジャネイロで開かれた、国連の地球環境《かんきょう》サミットで、ひとりの少女が、世界中から集まったリーダーたちを前に、六分間、演説《えんぜつ》をしました。

セヴァン・カリス＝スズキ。

カナダのバンクーバーに住んでいた十二歳《さい》の、日系《にっけい》カナダ人の父親をもつ少女です。

セヴァンは八歳《さい》の時、ブラジルのアマゾンに住む先住民族のことを知ったことで環境《かんきょう》問題に興味《きょうみ》をもち、仲間たちと、子ども環境《かんきょう》運動・ECO（ENVIRONMENTAL CHILDREN'S ORGANIZATION）というグループをつくり、環境《かんきょう》の勉強をすることにしました。

環境《かんきょう》の問題が未来をどのように変えるかについて、いちばん影響《えいきょう》を受けるのは、だれでもない、自分たち子どもなのだと思ったからでした。

親や先生、まわりの大人たちに環境《かんきょう》についてたくさんの質問《しつもん》をし、世界が今、どうなっているかということをいろいろ知りました。

そしてある時、セヴァンたちは、ブラジルのリオで、自分たちの将来《しょうらい》に関する大事なことが話しあわれるということを聞きました。

国連の地球環境《かんきょう》サミットです。

それならば、わたしたちこそ参加するべきだわとセヴァンたちは思いました。

そこで、アルバイトをしたり、寄付《きふ》を集めたりして、自分たちで費用を作り、リオに出かけることにしたのです。

幸運なことに寄付《きふ》をしてくれる人がいて、セヴァンと仲間たち五人は、リオに行くことができました。

彼女《かのじょ》たちは、はりきって、NGOのブースで自分たちの考えをいっしょうけんめいアピールしました。

地球サミットの二週間。夜は学校の宿題をやりながら、みんなでがんばりました。

すると……。

サミットの最終日に一本の電話がありました。

今から一時間以内に会場に来られるなら、国連の全体会議で五分間だけ、子ども代表として、スピーチの時間をくれるというのです。

もちろん、セヴァンたちは大喜び。タクシーにとびのり、何を言うかをみんなで考え、セヴァンが代表してスピーチをすることになりました。

そうして、世界中のリーダーたちの前で、六分間、自分たちの考えを話しました。

大人たちは、しんとして、真剣《しんけん》にセヴァンのことばを聞き、中には、涙《なみだ》を流す人もいました。

世界中を感動させたこのスピーチは、今でも伝説になっています。

それから二十八年、決して世界は何もしないでいたわけではありません。

科学者たちは、この十数年、気温上昇《じょうしょう》をなんとかとめない限《かぎ》り、このままでいったら、想像《そうぞう》もつかないような災害《さいがい》が起こると言い続けてきたのです。

今は、だれも電気のない生活は考えられません。

でも、産業革命《かくめい》以前は、そうではありませんでした。

それが、産業革命《かくめい》によって、人類の歴史は、急激《きゅうげき》に変わりました。

石油や石炭のような化石燃料《ねんりょう》を使って、いくらでもエネルギーが手に入るようになった人類は、それを限《かぎ》りの無い贈《おく》り物《もの》と思ってしまったのです。

化石燃料《ねんりょう》というのですから、もともとは、生物でした。

石炭も石油も、数百万年、数千万年あるいは、数億年もの歳月《さいげつ》をかけて、落ち葉や動植物の死がいなどから地中で作られたものです。

人が作れるものではありません。

それだけの時間を使って作り上げられたものを、人類は、ほんの短い間に使い切ってしまおうとしているのです。

そして化石燃料《ねんりょう》は、二酸化炭素《にさんかたんそ》・CO_2を大量に出し、大気を汚染《おせん》します。

でもはじめのころは、誰《だれ》も大気中の二酸化炭素《にさんかたんそ》が、地球の環境《かんきょう》を変えてしまうことなど気がつかなかったのです。

ただただ、夢《ゆめ》のように便利に、豊《ゆた》かになったことがうれしくて、世界中が浮《う》かれていました。

二酸化炭素《にさんかたんそ》の問題にしても、いくらでも海に吸収《きゅうしゅう》されるはずだから、大気中に長い時間とどまるなんて考えられていなかったのです。

一九五〇年代も終わるころ、アメリカの海洋学者、ロジャー・レヴェル博士は、はじめて大気中に二酸化炭素《にさんかたんそ》がどのくらいあるかはかってみようと提案《ていあん》しました。

もうひとり、物理化学者のハンズ・スース博士は、CO_2が海や樹木《じゅもく》にいくらでも吸収《きゅうしゅう》されるという考え方に疑問《ぎもん》をもち、大気中のCO_2がふえると、温室効果《こうか》で地球が温暖化《おんだんか》するのではないかと考えました。

ここにもうひとり、アメリカの地球科学者、チャールズ・D・キーリング博士が、一九五八年、ハワイ島のマウナロア山の山頂《さんちょう》で、実際《じっさい》にCO_2の濃《こ》さがどれほどかをはかってたしかめることにしました。

そして、なんと五十年間、来る日も来る日も毎日はかり続けたのです。

その結果、大気中のCO_2の量と化石燃料《ねんりょう》との関係がはっきりわかったのです。

一九五八年のCO_2濃度《のうど》が315PPMだったのにくらべて、二〇〇五年には、380PPMでした。

いろいろな研究方法で、産業革命《かくめい》より前のCO_2の濃度《のうど》も調べてみましたが、濃《のう》度《ど》は、産業革命《かくめい》以後より低いものでした。

コラム❹

大気中の二酸化炭素濃度《にさんかたんそのうど》は増《ふ》え続《つづ》けている！

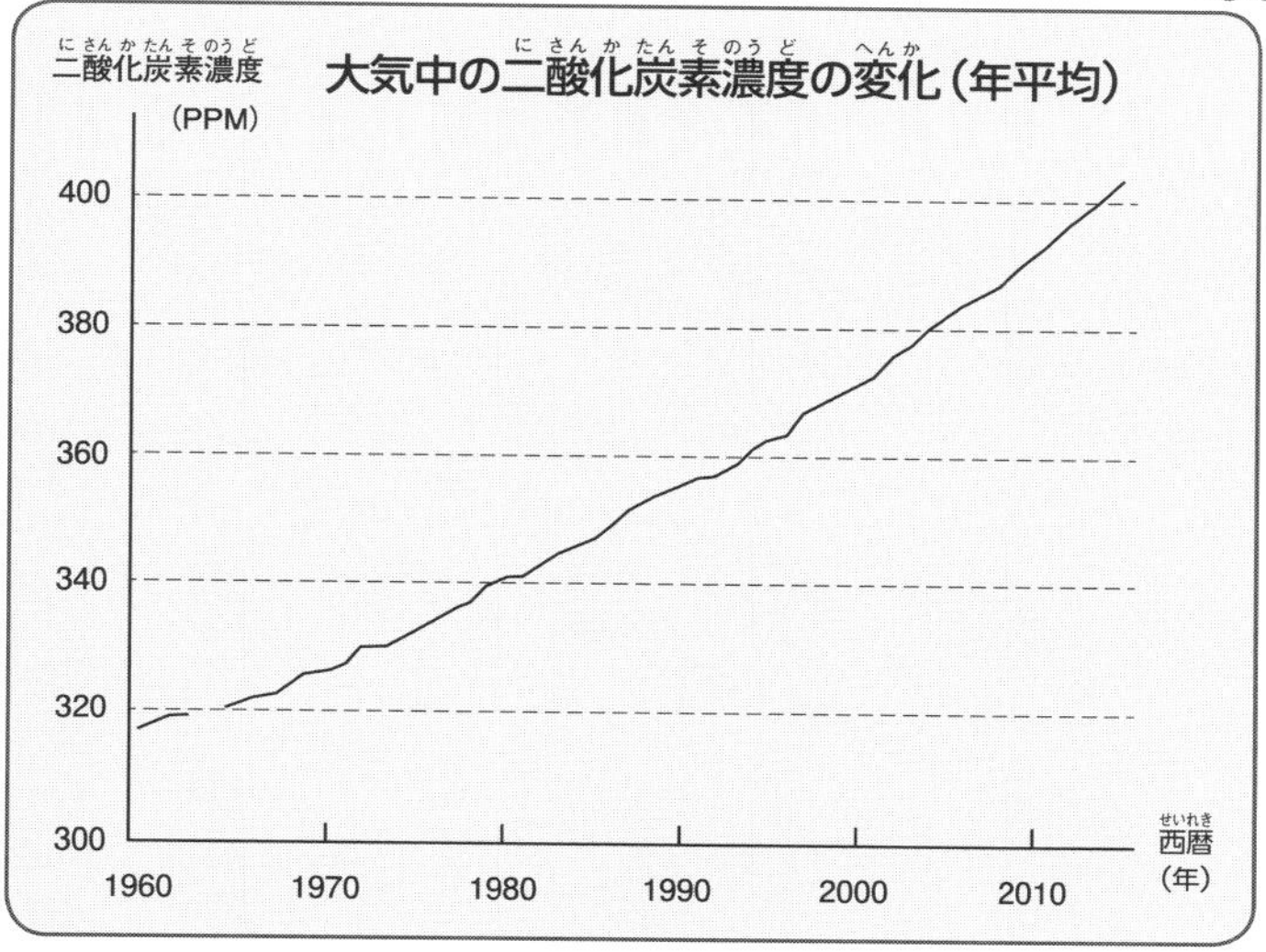

ハワイ島のマウナロアでは、1958年から
大気中の二酸化炭素《にさんかたんそ》（CO_2）の濃度《のうど》を測《はか》り続《つづ》けています。
観測《かんそく》を始めた 1958 年には CO_2 濃度《のうど》は 315PPM でしたが、
2005 年には 380PPM、
現在《げんざい》（2020年）は400PPM を超《こ》えています。
観測《かんそく》開始から約《やく》60年で、80PPM 以上《いじょう》増《ふ》えたことになります。

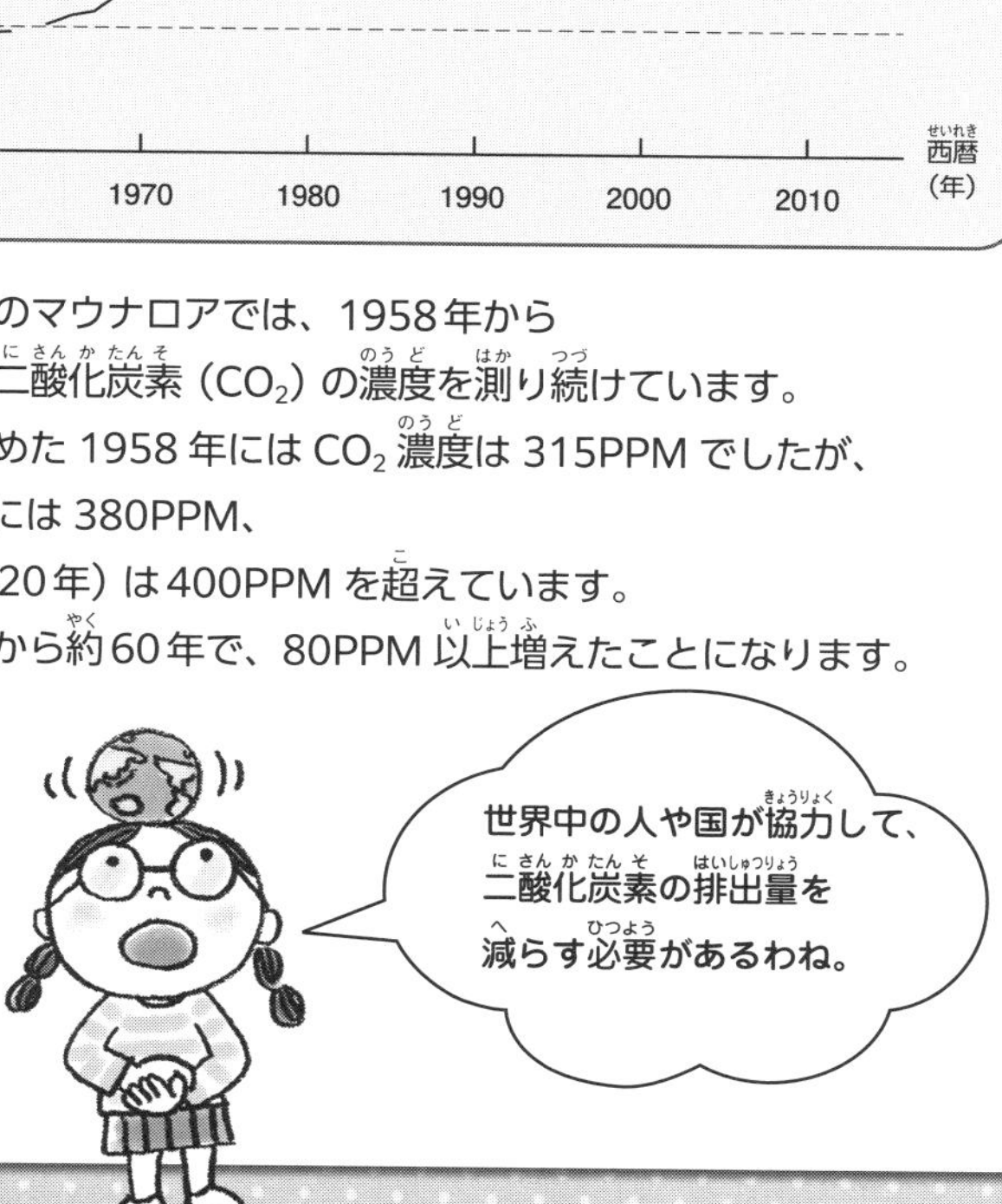

いったいなぜ、産業革命《かくめい》後に大気中のCO_2の量がふえたのでしょう。一番大きな原因《げんいん》は、蒸気《じょうき》機関の発明によって、世界中で機械を動かすためにたくさんのエネルギーが必要になって、火力が使われたからです。最初は木を燃《も》やしていましたが、やがて、石炭、石油がそれに代わるようになりました。

科学者たちの研究によって、産業革命《かくめい》以後、CO_2がふえ、地球の温暖化《おんだんか》が進んでいることがわかってきましたが、その警告《けいこく》は、便利に豊《ゆた》かになったことを喜んでいる人の耳にはなかなかとどきませんでした。

でも、キーリング博士の測定《そくてい》結果が明らかになるにつれて、もはや目をそらしてはいられなくなりました。

まず、はじめに警告《けいこく》を発したのは、ローマクラブです。

一九七〇年に、世界のリーダーたちが集まって人類の未来を考えようとスタートしたローマクラブは、一九七二年に「成長の限界《げんかい》」という報告書《ほうこくしょ》を発表しました。

地球は、このままの活動を続ければ、大事な資源《しげん》は使い切り、地球環境《かんきょう》は大きく変わって、百年以内に限界点《げんかいてん》に達し、社会は崩壊《ほうかい》する。

成長がずっと続くことなどありえないと。

わたしたちの生活は、地球ひとつでまかなえるものをはるかにこえて、足りない分は、子どもたちの未来から借りて成り立っているのだと警告《けいこく》し、もしこのままいけば、人類の衰退《すいたい》は、二〇三〇年ごろに始まるだろうと言っていたのです。

一九八八年に、地球温暖化《おんだんか》についての科学的な研究を進めようと、世界中の政府《せいふ》のあいだで、気候変動に関する政府《せいふ》間パネル（ＩＰＣＣ）がつくられました。

世界中の科学論文《ろんぶん》や報告書《ほうこくしょ》などを調べて、地球規模《きぼ》の気候変動に関する報告《ほうこく》をする組織《そしき》で、数年ごとにレポートを出しています。

気候変動に関する国際連合枠組条約《こくさいれんごうわくぐみじょうやく》（ＵＮＦＣＣＣ）では、ＣＯＰと呼《よ》ばれる締《てい》約国会議《やくこくかいぎ》を毎年開催《かいさい》し、世界中の人々が集まって、どうしたらいいかを考えています。

それからのＩＰＣＣとＣＯＰが、気候変動に対して、どのように努力をしてきたかを、この章の終わりにまとめました。

＊＊＊

炭酸《たんさん》ガスを含《ふく》む温室効果《こうか》ガスの排出量《はいしゅつりょう》をまったくゼロにすることは、実際《じっさい》のところできません。

わたしたちが生活することで出す温室効果《こうか》ガスと、植物の光合成でCO_2を自然に吸収《きゅうしゅう》してくれる量が同じになることを実質《じっしつ》ゼロといいます。

ここまで排出量《はいしゅつりょう》を下げることで、ようやく大気中の温室効果《こうか》ガスの増加《ぞうか》をとめることができるのです。濃度《のうど》を下げるために、自然が吸収《きゅうしゅう》してくれる量以下に排出量《はいしゅつりょう》を下げなければならないのです。

現在《げんざい》、各国が二〇一五年のパリ協定で出した削減《さくげん》目標は、すべて足しても気温上《じょう》昇《しょう》を1・5度はおろか、2度以下にさえ押《お》さえることができないレベルです。

二〇一九年十二月にスペインのマドリードで開かれたCOP25では、各国が二〇二〇年の二月までにすることになっている再提出《さいていしゅつ》の際《さい》に、1・5度をめざして、さらなる削減《さくげん》目標をと、国連のアントニオ・グテーレス事務総長《そうちょう》が訴《うった》えました。

でも、ブラジル、中国、オーストラリア、サウジアラビア、アメリカなどが、積極的な温暖化対策《おんだんかたいさく》への取り組みに賛成《さんせい》しなかったために、各国の足並《あしな》みはそろいませんでした。

その中で、「石炭火力が全発電量の３割《わり》を占《し》め、さらに十七基《き》もの石炭火力発電所の新設《しんせつ》計画がある日本は、国際《こくさい》社会が求める脱石炭《だつせきたん》や温室ガス排出《はいしゅつ》削減目標の引き上げの意志《いし》を示《しめ》さなかった」という理由で、環境《かんきょう》問題解決《かいけつ》に後ろ向きな国に対して世界一二〇か国、一三〇〇をこえるＮＧＯのネットワークＣＡＮから与《あた》えられる不《ふ》名誉《めいよ》な「化石賞」を会期中、二度も受けました。

気候危機《きき》に対する日本の姿勢《しせい》が、ますます世界中から注目されているのです。

二〇一九年、ドイツの環境《かんきょう》ＮＧＯ団体《だんたい》が、気候変動に対する五七か国と地域《ちいき》の姿《し》勢《せい》を比較《ひかく》したリストによれば、日本は、

気候変動政策《せいさく》　四十四位

温暖化対策《おんだんかたいさく》　四十九位
温室効果《こうか》ガス対策《たいさく》　四十七位
再生可能《さいせいかのう》エネルギー　四十八位
省エネルギー　三十六位

ひとりあたりの容器包装《ようきほうそう》プラスティックごみ発生量　世界二位
CO_2排出量《はいしゅつりょう》　世界五位

（ドイツのＮＧＯ・ジャーマンウオッチによる
気候変動パフォーマンスインデックスから）

世界の中で、日本が今、どんなところにいるのか、わたしたち自身が問われているのです。

気候変動《きこうへんどう》に関《かん》する政府《せいふ》間パネル（IPCC）と気候変動《きこうへんどう》に関《かん》する国際連合枠組条約《こくさいれんごうわくぐみじょうやく》の締約国会議《ていやくこくかいぎ》（COP）のこれまでの動き

◆一九九二年

ブラジルのリオ・デ・ジャネイロで開かれた環境《かんきょう》と開発に関《かん》する国際連合会議《こくさいれんごうかいぎ》（UNCED）で、地球温暖化《おんだんか》問題が話し合われ、気候変動《きこうへんどう》に関《かん》する国際連合枠組条約《こくさいれんごうわくぐみじょうやく》（UNFCCC）が決められ、一九九四年に発効《はっこう》しました。

◆一九九五年

気候変動《きこうへんどう》に関《かん》する国際連合枠組条約《こくさいれんごうわくぐみじょうやく》の締約国会議《ていやくこくかいぎ》（COP）の第1回が開かれました。

◆一九九七年

UNFCCC・COP3は、京都で開かれました。

温暖化《おんだんか》を防《ふせ》ぐためには、CO_2の量《りょう》をへらさなければなりません。

それぞれの国が、それぞれにへらす量《りょう》を決め、みんなで期限《きげん》までに達成《たっせい》することを約束《やくそく》する議定書《ぎていしょ》を作ろうとしました。

ところが、各国《かっこく》は、それぞれ、自分の国の利益《りえき》を守ろうとして、なかなかまとまりません。開発途上国《かいはつとじょうこく》は、自分たちに責任《せきにん》はないのだから、先進国こそ先にやるべきだと言い、話し合いはもつれにもつれ、もはやまとまることは無理《むり》というところまでいきましたが、なんとかぎりぎりのところでまとまりました。

二〇一二年までに、EU加盟国《かめいこく》の多くの国は8%、日本は6%、アメリカは7%、削減《さくげん》の努力《どりょく》をすることを決めたのです。

京都でひらかれた会議《かいぎ》にちなんで、京都議定書《きょうとぎていしょ》と呼《よ》ばれています。

けれども、京都議定書《きょうとぎていしょ》は、その後、アメリカが抜《ぬ》け、世界の足並《あしな》みはそろわないことになりました。

それでも、二〇一二年までに努力目標《どりょくもくひょう》に達《たっ》したところは、英国《えいこく》（28%）、ドイツ（27%）、フランス（13%）、カナダ（32%）などです。

たくさんの国が、努力《どりょく》をして、成果《せいか》を上げているのがわかります。

それに比《くら》べて、なんと日本は、8・5%の増加《ぞうか》という結果《けっか》でした。

◆二〇〇七年

ＩＰＣＣの報告書《ほうこくしょ》は、おそろしいものでした。

地球の気候《きこう》はたしかに温暖化《おんだんか》していて、人類《じんるい》の活動、化石燃料《かせきねんりょう》を燃《も》やすことがそのおもな原因《げんいん》であるとはっきり言っています。

そして、もしわたしたちが温暖化対策《おんだんかたいさく》をあまりしなかった場合には、二十一世紀《せいき》の末《すえ》には、世界の平均《へいきん》気温は3・3度上がるだろうというのです。

もちろん海水の温度も上がります。

そして、海水の温度が1度上がっただけで、そのエネルギーを吸収《きゅうしゅう》して発達《はったつ》する台風やハリケーンは大型化《おおがたか》します。

洪水《こうずい》と暴風《ぼうふう》がふえ、土砂災害《どしゃさいがい》が起こります。

海面が上がり、海岸近くは水に沈《しず》み、人がすめなくなります。

世界中で、高潮《たかしお》の被害《ひがい》を受ける人口は、毎年数百万人ずつふえるかもしれないというのです。

◆二〇一三年〜二〇一四年

ＩＰＣＣの報告書《ほうこくしょ》は次のようなものでした。

今世紀末《せいきまつ》にはますます猛暑《もうしょ》の日が多くなり、より長く続《つづ》く可能性《かのうせい》が99％ある。

1度気温が上がれば、水蒸気《すいじょうき》は7％増加《ぞうか》。

もう気候変動《へんどう》とは呼《よ》べません。気候危機《きき》です。

地球温暖化《おんだんか》ではなく、地球炎暑化《えんしょか》です。

◆二〇一五年

フランスのパリで、世界一九六か国が参加《さんか》してCOP21が開かれました。

ここで、世界共通《きょうつう》の目標《もくひょう》として、産業革命《さんぎょうかくめい》前からの地球の平均《へいきん》気温の上昇《じょうしょう》を2度以下《いか》にすることに、さらに1・5度におさえる努力《どりょく》をすると決めました。

二〇三〇年までにすべての国で温室効果《おんしつこうか》ガスの排出量《はいしゅつりょう》を半分にし、二〇五〇年までに実質《じっしつ》ゼロにするために、それぞれの国が、どれだけ減《へ》らすか、そのためにどのような対策《たいさく》をとるのかということを約束《やくそく》したのです。

会議《かいぎ》がパリで行われたので、パリ協定《きょうてい》と呼《よ》ばれています。

第四章 世界を変える子どもたち

　このまま何もしないで、最悪の危機《きき》がさけられないことになったら、苦しむのは今の子どもたちです。

　まだ選挙権《せんきょけん》はなく、政治《せいじ》は動かせないけれど、その未来を生きることになるのは、まちがいなく子どもたちなのです。

　二〇一九年十二月にＣＯＰ25が開かれたマドリードでは、六日に、市内で気候変動対策《たいさく》を訴《うった》えるデモ行進があり、五十万人もの人々が参加しました。

「今は、わたしたちの世代は20％にすぎないけれど、二〇五〇年には80％になる。

わたしたちの将来《しょうらい》をこわさないで」

と、COPの会場の外で叫《さけ》ぶ声がひびきわたりました。

世界中から若者《わかもの》たちが集まったCOP25は、若者《わかもの》COPと言えるほど、これまでにない熱気につつまれました。

「もう大人たちを待ってはいられない」

「自分たちの未来は、自分たちで守る」

変化を起こすのに、小さすぎることも、若《わか》すぎることもないのです。

今、世界中で、子どもたちが、若者《わかもの》たちが、動き出しています。

ボイヤン・スラット（オランダ）

プラスティックごみ回収装置《かいしゅうそうち》を発明

ボイヤンは、オランダの海の近く、陶器《とうき》のデルフト焼きで有名な、デルフトという街でくらしていました。

ボイヤンは、海にもぐるのが大好きでした。

十六歳《さい》の時、一家は、夏休みを過《す》ごしにギリシャに出かけました。

エーゲ海は、コバルトブルーにかがやき、ボイヤンはワクワクしながら、さっそくもぐりました。

「ほんとうにびっくりしました。

だって、きれいにすきとおった海の底が、プラスティックのごみでいっぱいだったんですから。

ぷかぷか、ゆらゆら流れているので、はじめはクラゲのむれかと思いました。泳いでいる魚より、ごみの方がずっと多いんです」

高校生だったボイヤンは、学校の宿題でもあったので、海のプラスティックごみについて、調べてみようと思いました。

わたしたちの毎日は、プラスティックにかこまれています。

石油からプラスティックが作られて、生活の中に使われだしたのは、七十年ぐらい前です。

安くできて、なんにでも作ることができて、便利で、あっという間にプラスティックは世界中に広がりました。

住む家も、着るものも、食べるものも。

朝起きてから寝《ね》るまで、いえ、寝《ね》ているあいだも、私たちは、ありとあらゆるプラスティックにかこまれています。

これも、あれも……。あれも、これも……。

朝起きて使う歯ブラシも、洗顔料《せんがんりょう》の中のスクラブ剤《ざい》も、髪《かみ》をとかせばブラシも、化粧品《けしょうひん》のチューブはもちろんのこと、洋服はと言えば、フリースなどの合成繊維《せんい》の衣服は、洗濯《せんたく》のたびに細かいプラスティックがはがれおちます。

サッカーを見にいっても、選手たちが、かっこよく、パッと人工芝《しば》をけりあげるたびに、プラスティックのかけらがあたりいちめんにまいあがります。

一つ一つ数えていったら、きりがありません。

ペットボトルにレジ袋《ぶくろ》、プラスティックストローばかりが話題になりますが、とにもかくにも、何から何まで、私たちの生活は、プラスティックだらけなのです。

プラスティックと全然関係のないものを見つける方がむずかしいでしょう。

そして、それは使い終わってごみになります。

世界中から海に流れこむプラスティックのごみは、年に一二七〇万トンだといいます。

あちこちから海に流れだし、それが海流に乗って、集まっているところがあります。

海洋研究家のチャールズ・モアが、その場所をつきとめ、太平洋ごみベルトと名づけました。

そこには、アジア、太平洋海域《かいいき》から集まったポリ袋《ぶくろ》などが、今では、一一〇億個《こ》以上あると言われています。

カリフォルニアからハワイの海にかけて、五か所。アジアや北アメリカからのごみが集まっています。

その46%は、魚をとるための漁網《ぎょもう》です。

そして、全体の30％は、日本から流れ出たごみです。

それは、海を流れ、海流にはこばれているうちに、波にもまれ、紫外線《しがいせん》にさらされ、5ミリ以下のマイクロプラスティックになります。

いろいろな毒性《どくせい》をすいよせながら、小さな粒《つぶ》になったマイクロプラスティックは、魚に食べられ、その魚をまた、大きな魚が食べ、……。

それはすでに、全世界の水道の中にも、世界の海で作られる塩にも見られるようになりました。

もちろん、人間の体の中にも入りこんでいることがわかっています。

海岸に打ち上げられた、死んだ鯨《くじら》のおなかから、六キロものプラスティックが出てきたこともあります。ポリ袋《ぶくろ》二十五枚《まい》。プラスティックのコップ百十五個《こ》。ペットボトル四本、サンダル二個《こ》。魚の網《あみ》……。

プラスティックストローが、鼻に刺《さ》さってしまったウミガメの映像《えいぞう》が世界中にシヨックを与《あた》えたこともありました。

観光地バリ島のクタビーチでは、白くかがやく海岸が広がり、真っ赤な夕陽《ゆうひ》が沈《しず》む光景に世界中から人が集まります。

ここに、毎日、日が沈《しず》むころ、プラスティックごみがいっぱいに打ちよせます。毎朝、きれいにひろっても、また夕方には、どこからともなく、浜辺《はまべ》いっぱいにごみが集まるのです。

二〇一八年、世界の先進国のトップが集まるG7・シャルルボワ・サミットでは、カナダ、フランス、ドイツ、イタリア、英国、そして、EUのリーダーたちが、二〇三〇年までにプラスティック包装《ほうそう》の55％をリサイクルするか再利用《さいりよう》して、二〇四〇年までには、すべてのプラスティックを回収《かいしゅう》するよう、民間や政府《せいふ》が協力することにしました。

「G7海洋プラスティック憲章《けんしょう》」です。

ヨーロッパの国々やカナダは署名《しょめい》しましたが、アメリカと日本は、ごみをたくさん出すアジアの廃棄物《はいきぶつ》管理が先と反対して、賛成《さんせい》のサインをしませんでした。

生活や産業への影響《えいきょう》をよく考える必要があるというのです。


ボイヤンは、高校生の時に、海のプラスティック汚染《おせん》を研究し、それを取りのぞく方法はないかと考え始めました。

そして、十七歳《さい》で、海流や、太陽、風の力を利用して、取りのぞく方法を思いつきました。

この「プラスティックごみを除去《じょきょ》する方法」（MARINE LITTER EXTRACTION）は、二〇一二年、デルフト工科大学から、最優秀技術《ぎじゅつ》デザイン賞を贈《おく》られました。

コラム5

ボイヤン・スラットが考えた、海のプラスティックごみを回収《かいしゅう》する装置《そうち》

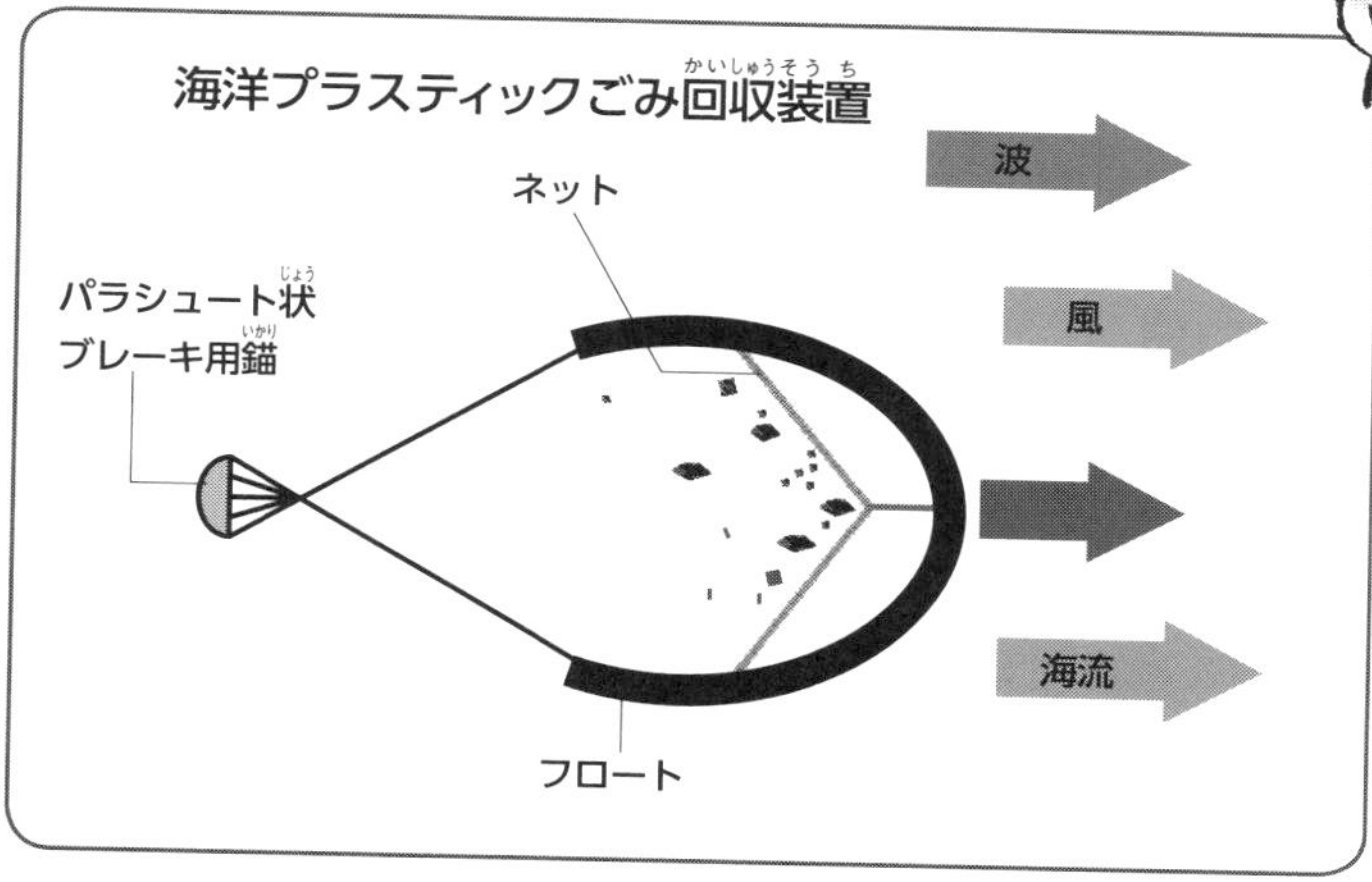

動力を使わず、風や海流、波といった自然《しぜん》の力だけで
海の上を流れます。
パラシュートのような錨《いかり》をつけることでブレーキの役目をさせ、
プラスティックごみが流される速さより遅《おそ》くなり、
ごみをネットの中にまとめて回収《かいしゅう》できます。
海の表面近くだけで回収《かいしゅう》するので、
その下を泳ぐ魚たちをまきこむことはありません。
集めたごみは、地上に運び、そこで分類《ぶんるい》され、
リサイクルされるものもあります。

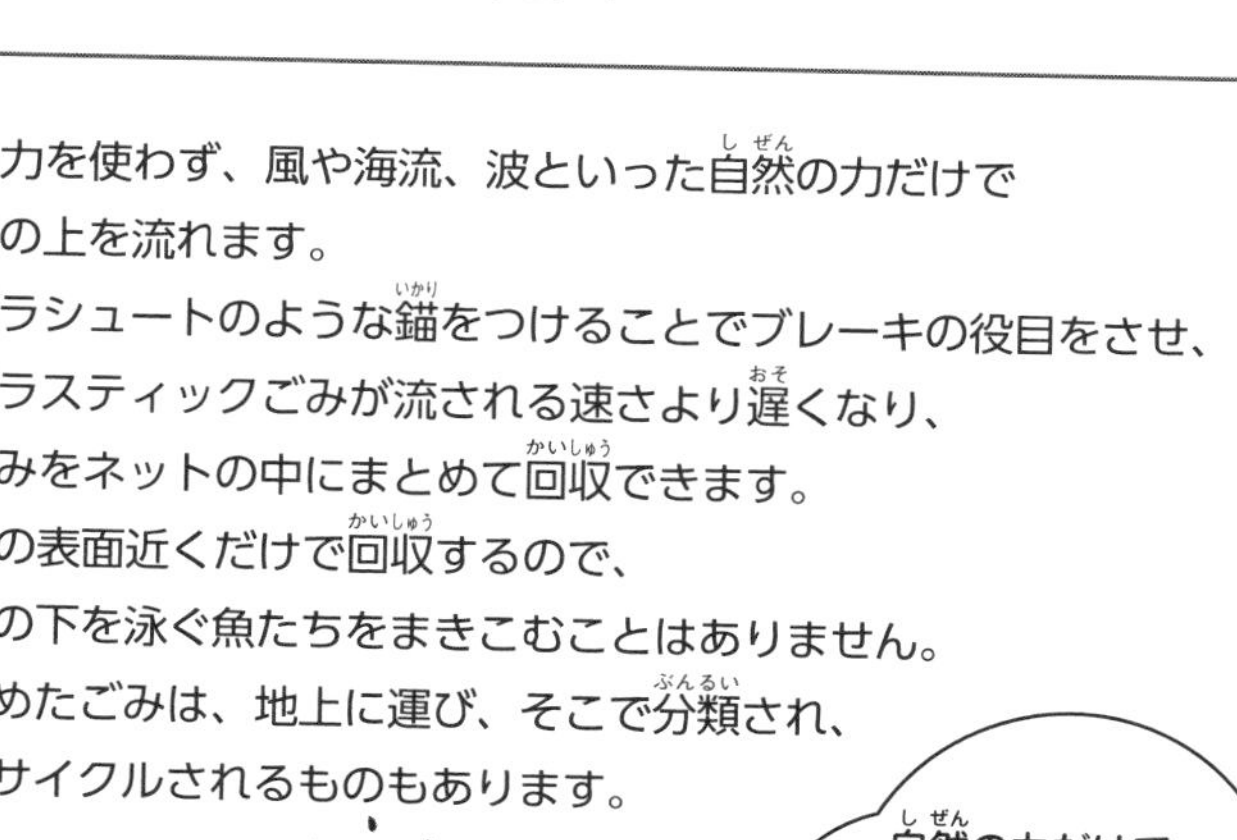
自然《しぜん》の力だけで
海のプラごみを
集めてしまうなんて、
すごいアイディアだね！

自然の力だけを使った、お金もそんなにかからない、とても簡単《かんたん》なやりかたなのですが、太平洋ごみベルトを発見して世界をおどろかせたチャールズ・モアが、全部取りのぞくには七万五千年かかると言っている世界の海のプラスティックごみを、なんと、たった五年でやってしまうというものでした。

ボイヤンの考えは評判《ひょうばん》になり、彼《かれ》は、二〇一二年、TED（TECHNOLOGY ENTERTAINMENT DESIGN）で、世界中の人に聞いてもらえるチャンスをつかみました。

（TED＝世界のさまざまな分野の人が、それぞれアイディアを発表する国際《こくさい》組織《そしき》。一九八四年創立《そうりつ》。二〇〇六年から、インターネット上で無料で動画を世界に配信している）

十七歳《さい》、ジーンズをはいた高校生ボイヤンは、TEDを通じて世界に語りかけました。

「とにかくやってみたいのです」

すると、おどろいたことに、あっという間に一六〇か国、三万八千人から二百万ドル（二億二千万円）もの寄付《きふ》が集まったのでした。

プラスティックごみが地球をおおっていることを心配していた全世界の人たちは、ボイヤンに希望を見出《みいだ》したのです。

とにかくやってみようと。

高校を卒業して、一度は、名門デルフト工科大学の宇宙《うちゅう》工学科に進学したボイヤンでしたが、このＴＥＤの反響《はんきょう》があまりに大きかったので、それをきっかけに、学校をやめて、本格的《ほんかくてき》にプラスティックごみを世界から取りのぞくことをはじめることにし、二〇一三年に、ＴＨＥ《ジ》 ＯＣＥＡＮ《オーシャン》 ＣＬＥＡＮＵＰ《クリーンアップ》というＮＰＯを創設《そうせつ》して最高責任者《せきにんしゃ》になりました。

「今なら、まだ全体の８％だけがマイクロプラスティックになっているだけです。

これは、もう取りのぞくことはできません。

あとの92％は、まだ一定の大きさなので回収《かいしゅう》できますが、時がたてば、どんどんこまかくなって手おくれになってしまいます。

マイクロプラスティックに分解《ぶんかい》されてしまうまでに回収《かいしゅう》しなければなりません。

卒業まで待っている時間はないんです。

僕《ぼく》たちは、五年以内に50％を回収《かいしゅう》することを目標にします」

ボイヤンの考えを応援《おうえん》する寄付《きふ》は、それ以後も世界中から寄《よ》せられ、ついに四千万ドル（四十四億円）にまでなりました。

そうして二〇一四年、夢《ゆめ》のプロジェクトが始まったのです。

ボイヤンたちは、五年かけてしっかり調査《ちょうさ》をし、準備《じゅんび》をしました。

いろいろ試《ため》して、何度も失敗もしましたが、ボイヤンは、あきらめませんでした。

そして、いよいよ、二〇一八年、サンフランシスコからハワイ沖《おき》に向けて、オーシャンクリーンアップと名付けられた船で、海洋プラスティック回収装置《かいしゅうそうち》システム001を牽引《けんいん》し、出発させました。

二〇一九年、ボイヤンは二十五歳《さい》になりました。

二〇四〇年までには、世界の海洋プラスティックごみの90％を回収《かいしゅう》することを目指しています。

マリネル・スモーク・ウバルド（フィリピン）

異常気象による災害《さいがい》に生き残って

マリネルは、フィリピン中部のサマール島で、十六歳《さい》の時に、巨大《きょだい》台風にあいました。

二〇一三年十一月のこと、観測《かんそく》史上最大と言われた台風ヨランダです。

「それまでも台風はしょっちゅうきてたので、めずらしくもなかったのですが、これは、それまでに見たこともないものでした。

わたしは海岸の近くに住んでいましたが、台風が、あんなにも暴力的《ぼうりょくてき》だとは思いませんでした。ほんとうにこわかった。

六千人もの人が亡《な》くなりました。

わたしの家族も、すべてを失いました。

家もなくなり、飲む水も食べるものもなく、電気も電話もなく、雨の中、島は数日間どことも連絡《れんらく》できなくなりました。

政府《せいふ》の対応《たいおう》はまにあわず、親戚《しんせき》や友人たちは、私たちは死んだと思ったようです。

こんなことは、それまでにないことでした」


マリネルは、それから学校にもどり、大学で社会学を勉強しながら、環境《かんきょう》や気候変動についてまなび、気候変動が異常《いじょう》気象をもたらすと知りました。

そして、そのことを人々に知ってほしいと、自分が経験《けいけん》したことを話しはじめたのです。

ヨーロッパの記録的な暑い夏、インドのかんばつ、モザンビークのサイクロン、南アジアの国々の洪水《こうずい》、日本の集中豪雨《ごうう》。

これまでにないほどのものすごい災害《さいがい》が世界各地で起こっているのがなぜなのか、それをふせぐにはどうしたらいいのか。

マリネルは言います。

「世界の政府《せいふ》は何もしてくれません。

話すのはつらいけれど、だれかがしなければなりません。

わたしにもたくさんの夢《ゆめ》があります。

やりたいこともたくさんあります。

でも、まず、地球の危機《きき》をとめるのが先です。

気候危機《きき》から未来をまもるのは、だれでもない、わたしたちなんだ、社会のことではなく、自分のことなんだと考えてほしいのです」

そうして今、マリネルは、住んでいるフィリピンのタクロバン市で、環境《かんきょう》行動連《れん》盟《めい》の若手《わかて》リーダーの会、ＹＬＥＡＦの中心メンバーとして活動しています。

二〇一五年、パリのＵＮＦＣＣＣ・ＣＯＰ21で、また、二〇一八年、ニューヨークのフィリピン人権《じんけん》委員会で、彼女《かのじょ》は体験したことを話しました。

二〇一九年十月には、日本のアムネスティの招《まね》きで、日本でも、自分がどんな体験をしたのかを話し、わたしたちが何をしたらいいかと、日本の若者《わかもの》にも一緒《いっしょ》に行動することを呼《よ》びかけています。

「気候危機《きき》は、地球全体の問題です。

どこの国の話でもないんです。

わたしたち自身のことなのですから」

カカシャン・バスー（アラブ首長国連邦・UAE）

グリーン・ホープ・ファウンデーションを十二歳《さい》で設立

八歳《さい》の時、中東のドバイに住んでいたカカシャンは、自分のお誕生日《たんじょうび》に一本の木を植えました。

それが、カカシャンが地球環境《かんきょう》に対して起こしたはじめての行動でした。

以来今日までに、世界中で一万五千本の木を植えています。

また、同じころ、おなかがプラスティックでいっぱいになって死んだ鳥の写真にショックを受け、ノープラスティック運動を始めました。

十二歳《さい》の時、五人の仲間たちと、グリーン・ホープ・ファウンデーションをたちあげ、世界中に呼《よ》びかけ、いろいろな国で木を植える活動を続けています。

カザフスタン、ネパール、ＵＡＥ、セイシェル、マレーシア……。

一本一本、CO_2を吸収《きゅうしゅう》する緑の木を、子どもたちの手で、植え続けています。

そして、川をきれいにし、ごみをひろい、教育と音楽やダンスで世界中をつないでいます。

めざすのは、炭素《たんそ》社会からぬけ出すこと。

グリーン・ホープ・ファウンデーションは、その名の通り、緑の希望を子どもたちの手でひろめています。

中東のドバイからはじまって、今では、一二か国で千人以上が働く組織《そしき》になっています。

「わたしたちの未来は、わたしたちの手に」

これがカカシャンたちの合言葉です。

ジェイミー・マーゴリン（アメリカ）

気候変動にたちむかう活動「ゼロ・アワー」を十四歳《さい》で設立

ジェイミー・マーゴリンは、アメリカ、ワシントン州の森の街、シアトルに住んでいました。

彼女《かのじょ》が十四歳《さい》の時、カナダで二十件《けん》もの大きな森林火災《かさい》起きました。立ちのぼる煙《けむり》は、国境《こっきょう》を越《こ》えて、ジェイミーの住むシアトルもスモッグにおおわれてしまいました。

空は、昼でも太陽がさえぎられて暗くなり、たくさんの人が、頭痛《ずつう》や咳《せき》になやまされました。

地球環境《かんきょう》というのは、一つの国のことではなく、みんなつながっているのだと気がついたジェイミーは、その後、石油パイプライン建設《けんせつ》に抗議《こうぎ》の声を上げていた先住民に出あい、環境問題《かんきょうもんだい》の深刻《しんこく》さにめざめたと言います。

そして、環境《かんきょう》についてのいろいろな勉強をはじめ、だれもが自分のこととして声を上げることの大切さを知り、環境団体《かんきょうだんたい》の会に参加しました。

そこには、ジェイミーと同じような中学生や高校生もいました。

地球環境《かんきょう》が今どうなっているかを知れば知るほど、ジェイミーは、不安になりました。

「大人は、わたしたちに、大きくなったら何になりたいの？　と聞きます。

でも、今の生活を続けられるかどうかわからない荒《あ》れはてた地球をおしつけられるわたしたち世代の身にもなってほしい。

今のリーダーたちが、地球のために何もしようとしない中で、わたしたちにどんな夢《ゆめ》が描《えが》けるというのでしょう」

子どもが政治《せいじ》にかかわる方法は、だれも教えてくれない。だから自分でやってみようと、高校生だったジェイミーは、気候変動にたちむかう若者《わかもの》たちの活動「ゼロ・アワー（ZERO HOUR）」を立ちあげることにしました。

「この地球の未来に生きるのは、わたしたち子どもたちです。

二〇一八年に、国連は、地球が快適《かいてき》に住めなくなるまであと十二年と言いました。

二〇三〇年です。

わたしの世代の高校生なら二十八歳《さい》か二十九歳《さい》。人生はこれからという時です。

そんな時に、毎日、世界のどこかの町が海に沈《しず》み、火事で山が燃《も》え、きれいな空気や水がなくなり、世界が終わりに向かうなんて……。

そんなの、たえられません。

大人たちがなんとかしてくれるのを待っていてはまにあわないんです。

わたしたちの未来は、わたしたちがなんとかしなければ。でも、ただデモ行進をするだけでは、みんなで集まって連帯感を高めるだけに終わってしまいます。

声を上げるのももちろん大切ですが、それだけではなく、政治《せいじ》や法律《ほうりつ》など、もとから変えないことには問題は解決《かいけつ》しないと思います。

化石燃料《ねんりょう》を使うのをやめて、再生《さいせい》エネルギーにうつるのが早ければ早いほど、わたしたちの受ける被害《ひがい》をへらすことができます。

だからわたしたちは、政治家《せいじか》たちに、石油などの化石燃料《ねんりょう》に関係のある会社からの献金《けんきん》を受け取らないことを求めたり、温室効果《こうか》ガスの排出《はいしゅつ》をへらす法案を通すよう、地域《ちいき》の環境団体《かんきょうだんたい》などと一緒《いっしょ》に署名《しょめい》を集めたり、市議会に嘆願書《たんがんしょ》を出したり、より具体的に、積極的に行動をしているのです」

ゼロ・アワーは、今、共感する若者《わかもの》たちによって、SNSでつながり、世界四五都市に拡大《かくだい》し、世界で一番大きな若者《わかもの》の環境団体《かんきょうだんたい》になっています。

井上寛人《いのうえひろと》（日本）

フライデーズ　フォー　フューチャー　東京

二〇一九年。グレタのことを知った寛人《ひろと》は、東京で、「未来のための金曜日・東京（ＦＲＩＤＡＹＳ《フライデーズ》　ＦＯＲ《フォー》　ＦＵＴＵＲＥ《フューチャー》　ＴＯＫＹＯ《東京》）」を数人の仲間と立ちあげました。十九歳《さい》。大学の二年生です。

「僕《ぼく》は、小学生の時から、環境《かんきょう》の問題に関心があったんですが、まわりに誰《だれ》も話せる人がいなくて、中学でも、高校でも、なんだかもやもやしてたんです。

で、大学に入って、これは、待っているんじゃなく、自分でやらなきゃと思って。

僕《ぼく》たちの世代にしか変えられない。誰《だれ》かにまかせるわけにはいかないから」

環境《かんきょう》NGOのグリーンピースのインターンをしたり、気候関連のイベントに行ったりして、いろいろな人とあって仲間もふえました。

ノーベル平和賞を受賞したアメリカの元副大統領《だいとうりょう》、アル・ゴアが、環境《かんきょう》問題のために働く人を育てるためにつくったクライメート・リアリティ・プロジェクトにも参加しました。

「わたしたちは、再生可能《さいせいかのう》エネルギーなど解決策《かいけつさく》を手にしている。あとは、どうするかだ」

とゴアさんは言います。

そして、二〇一九年九月二十日には、日本のグローバル気候マーチの中心になって準備《じゅんび》しました。

「今回、世界でいっせいに使ったタイトルは、GLOBAL CLIMATE STRIKE（グローバル気候ストライキ）なんですが、日本では、ストライキとかデモのような強いことばはさけて、マーチにするなど、だれでもきらくに参加できるようにしました。

集合時間も放課後の午後五時にしたんです」

東京は、国連大学前に二千八百人が集まりました。

全国では五千人でした。

寛人たちは、その二千八百人をひきいて、渋谷《しぶや》の街を行進しました。

フライデーズ　フォー　フューチャー　東京のメンバーは、五十三人です。

いろいろな大学や高校から集まったメンバーは、東京だけでなく、札幌《さっぽろ》、仙台《せんだい》、静岡《しずおか》、名古屋、京都、大阪《おおさか》、広島、福岡《ふくおか》など、各地で活動をしています。

「企業《きぎょう》からお金をもらって自由にできないのはいやなので、ほとんど自分たちでやっています。

でも、みんな、グレタのように、危機《きき》に対して自分が何かしなければと思っています。

だって、僕《ぼく》たちの未来なんですから」

＊＊＊

二〇一九年、四月。

アメリカの科学雑誌《ざっし》サイエンスに、国際的《こくさいてき》な科学者のグループ、「未来の国際《こくさい》社会のための科学者たち（SCIENTISTS FOR FUTURE INTERNATIONAL）が寄《よ》せた声明がのりました。

「地球温暖化《おんだんか》の問題については、これまでにすでにたくさんの解決策《かいけつさく》があります。

抗議《こうぎ》をしている若者《わかもの》たちは、これらの解決策《かいけつさく》を使って、持続可能《かのう》な社会を達成することを要求しています。

思いきった行動がなければ、彼《かれ》らの未来は、重大な危機《きき》にさらされます。彼《かれ》らが大人になって、権力《けんりょく》の座《ざ》につくまで、待つ時間は残されていません。すみやかに、勇気をもって行動することによってのみ、地球温暖化《おんだんか》をとめ、いま進行している動物種と植物種の大量絶滅《ぜつめつ》をとめることができるのです。現在《げんざい》とそして将来《しょうらい》の世代が幸福に生きることができるかどうかは、それにかかっています。

これが、若者《わかもの》たちが求めていることなのです。

そして、われわれ世界の科学者たちは、彼《かれ》らを尊敬《そんけい》し、全力で支持《しじ》します」

科学者たちは、声をそろえました。

「科学のもとにだんけつし、あらゆる手をつくそう」

第五章 今、わたしたちにできること

二〇一九年、十月。

東京に世界中から人を集めて、朝日地球会議２０１９が開かれました。

この日、気候危機《きき》のテーマにドイツから動画中継《ちゅうけい》で参加した、ポツダム気候影響《えいきょう》研究所の理事、ヨハン・ロックストローム博士に、会場から、日本の中学生が質問《しつもん》しました。

「二十一世紀末には、わたしは九十歳《さい》になっています。そのころ、日本はどんなふうになっているのですか？」

博士はこう答えています。

「最悪、かなりの確率《かくりつ》で、ものすごく暑くなっているでしょう。

でも、さけられます。

温暖化《おんだんか》の問題は、今や、地球システムがこのまま続けられるかどうかということです。2度上昇《じょうしょう》を絶対《ぜったい》に避《さ》けるために、今すぐ、何をするかを決めなければなりません。

そのチャンスを握《にぎ》っているのは、現在《げんざい》のわたしたちです」

「地球の気候が三百万年も安定していたのは、海や森がCO_2を吸収《きゅうしゅう》してくれていたからです。それが、急激《きゅうげき》に増《ふ》えたことで、地球の循環《じゅんかん》する能力《のうりょく》をこえてしまったのです。

なんとかその限界《げんかい》の範囲《はんい》にとどまらなければいけません」

二〇一八年の国別のCO_2排出量《はいしゅつりょう》は、

1. 中国　94・2億トン
2. アメリカ　50・0億トン
3. インド　24・8億トン
4. ロシア　15・5億トン
5. 日本　11・5億トン
6. ドイツ　7・2億トン
7. 韓国《かんこく》　7・0億トン
8. イラン　6・6億トン
9. サウジアラビア　5・7億トン
10. カナダ　5・5億トン

（出所・BP統計《とうけい》）

二〇〇五年の排出量《はいしゅつりょう》と比《くら》べると、アメリカ、日本、ドイツなどは減《へ》っていますが、中国、インド等石炭を利用している国は、大幅《おおはば》に増加《ぞうか》しています。

それでも、CO_2をたくさん出す大国が、削減《さくげん》に協力的ではないのにくらべて、その他の七〇か国以上は、二〇五〇年までに実質排出量《じっしつはいしゅつりょう》をゼロにする約束をしています。

デンマークの首都、コペンハーゲンは、温暖化対策《おんだんかたいさく》の優等生《ゆうとうせい》として知られていますが、こんな宣言《せんげん》をしています。

「二〇二五年までに、世界で初めての、CO_2をまったく出さない街になる」

すでに二〇〇五年には、CO_2を42％減《へ》らすことに成功していたコペンハーゲンは、さらにその先をいこうとしているのです。

必要なエネルギーのおよそ半分は、再生可能《さいせいかのう》エネルギーでまかない、街には、人の数より多い自転車があふれています。

近い距離《きょり》での移動《いどう》は、三分の二が徒歩か自転車ということです。

ひとりひとりが、何をするべきか、どうしたらいいかについて、よくわかっているのでしょう。

それでも、街は経済《けいざい》成長を続け、活気があふれています。

世界中で、今、コペンハーゲンに続こうというところがふえてきています。

世界中で、たくさんの政府《せいふ》や自治体、経済界《けいざいかい》が、環境《かんきょう》を守るほど経済《けいざい》は発展《はってん》すると気づきはじめています。

化石燃料《ねんりょう》を使わずに電気を作る再生可能《さいせいかのう》エネルギーが経済的《けいざいてき》にも見あうものにな

ってきて、なかなか進まなかったビジネスの世界も、やっと乗り出すようになり、環境《かんきょう》NGOとビジネス界が一緒《いっしょ》に目標に向かって進めるようになりました。

それぞれの国の政府《せいふ》は動かなくても、都市や町や村、企業《きぎょう》、環境《かんきょう》NGOなどが一緒《いっしょ》になって、CO_2のない脱炭素《だつたんそ》社会の実現《じつげん》に向けて動きはじめています。

ドナルド・トランプ大統領《だいとうりょう》は、アメリカはパリ協定から離《はな》れるのだと言いましたが、アメリカの五百以上の市や町が、政府《せいふ》が何と言おうとも、自分たちは自分たちでパリ協定を守ると宣言《せんげん》しました。

得か損《そん》かと考えている場合ではない。

やらなければ　人類の未来はないのだと気づいた人たちが増《ふ》えているのです。

有害物質《ぶっしつ》を出さない。

大気を汚染《おせん》しない。

資源《しげん》をむだにしない。

これは、イギリスの経済《けいざい》学者、ロビン・マレー博士が提唱《ていしょう》した、ゼロ・ウエイストという考え方です。

日本でも、はじめてゼロ・ウエイスト宣言《せんげん》をした町があります。

ゼロ・ウエイスト宣言《せんげん》とは、ごみを焼いたり、埋《う》めたりするのではなく、ごみを少しも出さないというものです。

二〇〇三年、徳島県《とくしまけん》の小さな町、上勝町《かみかつちょう》の人々は、ごみ焼却炉《しょうきゃくろ》からダイオキシンが出たので、どうしたらいいかと考えました。

そして、いっそごみを出さないことにしようと決めたのです。

千五百人の町で、ごみの四割《わり》は生ごみでした。

今では町のひと全部がごみ処理機《しょりき》・コンポストを持っていて、ごみは全部栄養豊《ゆた》かなたい肥《ひ》になります。

プラスティックや、紙、金属《きんぞく》などのごみは、なんと四十五種類に細かく分別し、再利用《さいりよう》できるものは、資源《しげん》としてお金に代えます。醤油《しょうゆ》や、オイル、洗剤《せんざい》などは、量り売りにして、プラスティックのボトルに入ったものは売りません。

ごみを出さない。

ごみになるものは受けとらない。

ありあまるほどにむだなものを作って、むだにすてているくらしかたにノーという道を歩いているこの小さな町がどのようにしているのかを見るために、今では、世界中からたくさんの人がやってきて、ゼロ・ウエイストのやり方を学んでいます。

では、わたしたちひとりひとり、何ができるでしょう。

まず、環境《かんきょう》問題について今、世界がどうなっているかを知ることです。
グレタも言っています。
「INFORM YOURSELF《インフォーム ユアセルフ》」（あなた自身が知ることです）
そうすれば、何が問題で、何をすればいいかがわかります。

二〇一八年、国連環境《かんきょう》計画のレポートです。

世界中で毎年、一兆～五兆枚《まい》のレジ袋《ぶくろ》が使われています。

五兆枚《まい》とすれば、一分ごとに一千万枚《まい》のレジ袋《ぶくろ》が使われているということです。

レジ袋《ぶくろ》だけでなく、買い物のたびに渡《わた》されるプラスティックの袋《ふくろ》をもらわずに、自分で袋《ふくろ》を用意する。

世界中でたくさんの人がそうするだけで、CO_2もごみの量もぐんと少なくなります。

わたしたちは、ひとりあたり、一年に二万個《こ》のマイクロプラスティックを出しているのです。

ペットボトルやレジ袋《ぶくろ》、食べるものの包装《ほうそう》用トレイなど、一年でひとり二十キログらいを使いすてています。

まず、自分のまわりを見まわして、どれだけのプラスティックを使っているか、調べてみましょう。

みんなで、プラスティック探《さが》し競争をしてみるのも面白《おもしろ》いですね。

お店でプラスティックの袋《ふくろ》に入れてくれようとしたら、「いりません」とことわって、マイバッグを取り出すなんて、かっこいいと思いませんか？

ＩＰＣＣは二〇一九年、農業、食糧《しょくりょう》生産、森林破壊《はかい》が気候変動をおし進めているおもな理由だという報告書《ほうこくしょ》を出しました。

五二か国の百七人の科学者たちがまとめた気候変動対策《たいさく》には、「食品ロスをへらすこと」そして、「肉食をへらすこと」がカギになると書かれています。

現在《げんざい》、生産された食料のうち、25%から30%が食品ロスまたは廃棄《はいき》となっていると報告書《ほうこくしょ》は言います。

ロスとは、食べられる状態《じょうたい》にあるのにすてられるものです。

食べるものを、むだにしていませんか?

食べられないほどお皿に取ってのこす人がいますが、世界には、食べるものがなくて、いつもおなかがすいていたり、栄養不足で病気の人もたくさんいるのです。

世界には、すべての人に十分な食料があるはずなのに、多すぎてすてている国々があり、食べられないで飢《う》えている国々があります。

そのうえ、このむだにした食べ物からCO_2が8%から10%も出ているのですから、わたしたちが行動を変えることで、気候変動対策《たいさく》になるのです。

使わないでもいいのに、使っているものはありませんか？

持たないでもいいのに、持っているものはありませんか？

CO_2は、工場だけでなく、乗り物や家庭からも出ます。

ひとりひとりが工夫《くふう》をすれば、電気を使う量をへらすことができます。

窓《まど》のカーテンは、日中はあけてあたたかいひざしを部屋にいれ、夕方には、熱をにがさないようしめましょう。

エアコンの温度は、冷房《れいぼう》28度、暖房《だんぼう》20度か21度とし、必要以上に涼《すず》しくしたり、暖《あたた》かくしたりしないように気をつけましょう。

冷蔵庫《れいぞうこ》はドアを開けるたびに、中の温度が上がります。用もないのに開けたり閉《し》めたりするのはやめましょう。

寒い時は、たくさん重ねて着たり、靴下《くつした》をはいて、暖房《だんぼう》にたよりすぎないように。

街角ごとに置かれた、たくさんの電力を使う自動販売機《はんばいき》からペットボトルの飲み物を買うかわりに、おしゃれなマイボトルをいつも持ち歩きましょう。

だれもいないところの電気をつけたままにしてはいませんか？

見てもいないテレビをつけっぱなしにしたままにしていませんか？

ごみはできるだけ出さないようにしましょう。

ごみを出す時は、きちんと分別し、リサイクルできるものは使えるようにしてすてましょう。

わたしたちがすてるごみがどれだけたくさんか、ごみを集める車を見ていればわかります。

このごみの山は、燃《も》やしたり埋《う》めたりしていますが、もうすてるところもなくなってきて、どこの国もこまっています。

どうしても必要な場合以外は、車には乗らないで、歩いたり、自転車を使ったりしましょう。

再生《さいせい》エネルギーについて、勉強しましょう。そして、できる限《かぎ》り、再生《さいせい》エネルギーを使うようにしましょう。

植物を育て、木を植えましょう。

ひとり一本ずつでも木を植えれば、きっと豊《ゆた》かな緑の森ができます。

新しい洋服はできるだけ買わずに、着こなしを工夫《くふう》して、楽しみましょう。

海を汚染《おせん》するプラスティックごみを見つけたら、ひろって分別してすてましょう。

こうして見ると、グレタの言うように、小さな子どもでもわかる簡単《かんたん》なことばかりです。

みんなが、毎日の生活をあらためて見直し、限《かぎ》りのある地球の資源《しげん》をむだにしないで大切に使おうと思えば、すぐにでもできます。

今、地球がどのような状態《じょうたい》なのか、一度知ってしまうと、ほんとうにこわくなります。

でも、それを知ったうえで、できることをやっていこうというのが人間の知恵《ちえ》です。

まず知ること。

そして、行動することです。

科学者たちは言います。

産業革命《かくめい》以降《いこう》の気温上昇《じょうしょう》を1・5度以下におさえるために、今すぐできること、

わたしたちひとりひとりができることは、まだまだある。

これから十年がほんとうに大事になると。

今、気候正義《せいぎ》ということばが語られ始めました。

気候正義《せいぎ》とは、途上国《とじょうこく》や将来《しょうらい》の世代が、自分たちばかりが温暖化《おんだんか》の被害《ひがい》にあうの

は不公平だと、先進国やこれまでの世代に責任《せきにん》ある行動を求める考え方です。

　ＣＯＰ25での、グレタのスピーチです。

「歴史上、ほんとうに偉大《いだい》な変化は、いつも、政府《せいふ》や企業《きぎょう》ではなく、人々が起こしたものです。

　待つ必要はありません。

　ひとたび目覚めれば、わたしたちは変われます。変わります。たった今、変わることができるのです」

おわりに

宇宙《うちゅう》が生まれたのは、百三十八億年前。

その中で、わたしたちの地球が生まれたのが、四十六億年前。

生命が生まれたのが、ざっと四十億年前。

それから、生命は何度も絶滅《ぜつめつ》の危機《きき》を乗《の》り越《こ》えて、今、地球上に広がっています。

さまざまな生命が生まれ、育ち、動物も植物も、快適《かいてき》に繁栄《はんえい》し、奇跡《きせき》のような環境《かんきょう》が続きました。

そして、わたしたちの地球は、約一万年前に最終氷期《ひょうき》をぬけ、温暖《おんだん》な安定した気候になりました。

この安定した気候があったから、今の文明社会を築《きず》くことができたのです。

広い宇宙《うちゅう》の中でも、美しく豊《ゆた》かにいのちをはぐくんできた地球。

科学者たちは、宇宙《うちゅう》のどこかに、地球と同じようにいのちをはぐくむ星がありはしないかと、長いあいだ、世界中で研究を続けていますが、今のところ、まだ見つかっていません。

わたしたちは、すばらしく恵《めぐ》まれているのです。

地球も。

その中で今のような存在《そんざい》になった私たち人間も。

でも、それは、あたりまえではないのです。

これは奇跡《きせき》です。

このたぐいまれな星にいのちを受けた幸運に感謝《かんしゃ》して、地球の環境《かんきょう》を守らなければなりません。

この奇跡《きせき》のような美しい星が、長い時間をかけてつくり上げてきた自然環境《かんきょう》。

森も山も、海も、湖も川も。

まるい地球をうっすらとおおっている土。

土は、生物たちが長い年月をかけて少しずつつくりだしたのです。

植物が陸に上がって、枯《か》れて、それを細菌《さいきん》やかびが分解《ぶんかい》して、それを食べるものがいて、さらにそれを食べるものがいて、その糞《ふん》や死がいを分解《ぶんかい》するものがいて……。

こうして有機物がつもっていって、土になるのです。

一年かけてできる土は、たったの0・057ミリ!

そこに森ができるのには、千二百年かかります。

インドの子どもたちがユーチューブで言っていることばです。

「ぼくは宇宙《うちゅう》飛行士になりたいんだ」

「私はピアニストになりたいわ」

科学者、医者、歌手、看護師《かんごし》……。

なりたい夢《ゆめ》はそれぞれにたくさんです。

「だけど、気候の問題が解決《かいけつ》しなければ、将来《しょうらい》なんの意味もなくなっちゃう。だから、今の自分が変えられることをやっていこう」


グレタは、二〇一九年アメリカの雑誌《ざっし》タイムの「今年の人」に選ばれて、その表紙を飾《かざ》りました。

そして、言います。

力を合わせて世界を変えていきましょうと。

THERE《ゼア》 IS《イズ》 NO《ノー》 PLANET《プラネット》 B《ビー》.
わたしたちに、かわりの星はないのですから。

〈主要参考文献〉

・『あなたが世界を変える日――12歳の少女が環境サミットで語った伝説のスピーチ』
セヴァン・カリス＝スズキ／著　ナマケモノ倶楽部／編・訳
学陽書房　二〇〇三年七月

・『わたしと地球の約束――セヴァンのわくわくエコライフ（ぼくら地球市民）』
セヴァン・カリス＝スズキ／文　辻信一／構成・訳
大月書店　二〇〇五年二月

・『グレタ　たったひとりのストライキ』
マレーナ＆ベアタ・エルンマン、グレタ＆スヴァンテ・トゥーンベリ／著　羽根由／訳
海と月社　二〇一九年九月

・『人間環境革命の世紀――気候変動と人間の関わりの歴史（科学と人間シリーズ）』
切刀正行／著
東洋書店　二〇一五年一月

このほか、多くのウェブサイトを参照しました。ウェブサイト情報は多数ありますので、堤江実のホームページ（http://emitsutsumi.o.oo7.jp/）に掲載いたします。（著者）

解説

功刀正行

　地球規模《きぼ》の気候変動、地球温暖化《おんだんか》は、本書にもあるように数十年前からその可能性《かのうせい》に気付いた科学者などにより警鐘《けいしょう》が鳴《な》らされていましたが、未来に関する洞察《どうさつ》が苦手な私《わたし》たちは、問題を先送りにし続けてきました。この私《わたし》たちの無節操《むせっそう》な生活による化石燃料《ねんりょう》の大量消費により、近年、大規模《だいきぼ》災害《さいがい》や異常《いじょう》気象が続発しています。

　化石燃料《ねんりょう》の消費により排出《はいしゅつ》された二酸化炭素《にさんかたんそ》が、その温室効果《こうか》により地球温暖化《おんだんか》を加速させ、地球規模《きぼ》の気候変動に影響《えいきょう》を及《およ》ぼすことは、科学的に確《たし》かであることを疑《うたが》う人はかなり減《へ》りました。しかし、科学者に「それは100％確《たし》かか」と問えば、「100％ではない。そうでない可能性《かのうせい》はゼロとは言えない」と答えるでしょう。「それ見たことか。100％確《たし》かでないことに従《したが》えというのか」との反論《はんろん》が長い間続いてきましたし、今でもそう反論《はんろん》する人もいます。

　今まで、科学者の多くが断言《だんげん》することを避《さ》けてきた結果、既《すで》に数十年前にわかっていた今日の事態《じたい》を迎《むか》えてしまいました。その反省に立ち、科学者たちは今対応《たいおう》を早急《さっきゅう》に進めないと安定した地球環境《かんきょう》が維持《いじ》できないと発言し始めました。本書で紹介《しょうかい》されている若《わか》い世代の発言に大いに励《はげ》まされた結果です。

本書で紹介《しょうかい》されているポツダム気候影響《えいきょう》研究所のヨハン・ロックストローム博士は、二〇一三年に発表した論文《ろんぶん》中で、「ＩＰＣＣのＡＲ４における温暖化予測《おんだんかよそく》は、可能性《かのうせい》のあるすべての結果を網羅《もうら》しておらず、二酸化炭素濃度《にさんかたんそのうど》が４００～５００ＰＰＭから更《さら》に上がれば、温暖化《おんだんか》が４度進むリスクが７・１％あり、６度以上進むリスクが１・８％あるとの予測《よそく》が示《しめ》されていない」と指摘《してき》しています。１・８％のリスク、非常《ひじょう》に低いように思われますが、私《わたし》たちが交通事故死《じこし》にあう確率《かくりつ》は、０・０１％以下です。もちろん、交通事故死《じこし》と並列《へいれつ》に議論《ぎろん》できませんが、決して低い確率《かくりつ》ではありません。

本文を書いている今、新型コロナウィルスによるパンデミックにより、世界は大混乱《だいこんらん》にあります。しばらく新型コロナウィルスとの闘《たたか》いは続くでしょうが、多くの医学、科学などに携《たずさ》わる方々の懸命《けんめい》な努力によりやがて収束《しゅうそく》に向かうでしょう。このパンデミックにより、今や疾病《しっぺい》の蔓延《まんえん》は地方の問題ではなく、直ちに世界規模《きぼ》に拡大《かくだい》することが示《しめ》されました。また、その対応《たいおう》も一国だけでできるものでは無く、世界が一つとならなければならないことを明らかにしました。一方で、新型コロナウィルスの危機《きき》に直面しているのは我々《われわれ》人類です。初めの宿主は他の動物であっても、それが変異《へんい》し人類が感染《かんせん》することになりました。ウィルスによる感染《かんせん》により多くの生態系《せいたいけい》は絶滅《ぜつめつ》の危機《きき》を迎《むか》えることはほぼありません。これが、種の多様性《たようせい》が必要な理由でもあります。

さて、本書で述《の》べている我々《われわれ》が迎《むか》えている危機《きき》、地球規模《きぼ》の気候変動、地球温暖化《おんだんか》の影響《えいきょう》は、我々《われわれ》人類だけでは無く、地球の全ての生物、生態系《せいたいけい》に及《およ》びます。地球生態系《せいたいけい》は今までに五回の大絶滅《ぜつめつ》を経験《けいけん》して来ました。我々《われわれ》人類が引き起こしている地球規模《きぼ》の気候変動は、六回目の大絶滅《ぜつめつ》になると警告《けいこく》されています。

地球の気候を壊滅的《かいめつてき》なステージにさせないために残された時間はもうありません。

本書を手に取っていただいた貴方《あなた》、家族、お友達、未来の子どもたち、そしてこの地球で共生するすべてのためにともに行動しましょう。

（二〇二〇年五月）

ブックデザイン　芝山雅彦（スパイス）
イラスト　すみもとななみ
カバー写真提供　切刀正行

堤　江実（つつみ　えみ）

東京都出身。立教大学文学部英米文学科卒。詩人。

文化放送のアナウンサーを経て、現在は、詩、翻訳、エッセイ、絵本など幅広いジャンルでの著作や、自作の詩の朗読コンサート、詩の朗読のワークショップ、日本語についての講演・研修などで活躍中。

著書に『水のミーシャ』（清流出版、読書推進運動協議会賞）、『風のリーラ』（清流出版、ユネスコ・アジア文化センター賞）、『森のフォーレ』（清流出版、ユネスコ・アジア文化センター賞）、『ルナ・おつきさんのおそうじや』（講談社）、『流れ星のリリリ』（PHP研究所）などがある。

2011年、詩と絵本の活動に対して、東久邇宮文化褒賞受賞。

監修／切刀　正行（くぬぎ　まさゆき）
長野県出身。農学博士（東京大学）。
国立環境研究所などにて、商船を用いた有害化学物質による海洋汚染観測の研究など、40年にわたり環境研究に従事。現在、東京都健康長寿医療センター統括安全管理責任者、環境イノベーション情報機構専務理事、東京理科大学、東京電機大学非常勤講師ほか。
著書に、『人間環境革命の世紀』（東洋書店）、『海の色が語る海洋環境』（PHP新書）、絵本『水のミーシャ』（堤江実との共著、清流出版）などがある。

気《き》候《こう》危《き》機《き》！

子《こ》どもたちが地《ち》球《きゅう》を救《すく》う

2020年５月　初版第１刷発行

著　　堤　江実
監　修　切刀正行

発行者　小安宏幸
発行所　株式会社 汐文社
東京都千代田区富士見1-6-1
富士見ビル1F　〒102-0071
電話：03-6862-5200　FAX：03-6862-5202
印　刷　新星社西川印刷株式会社
製　本　東京美術紙工協業組合

ISBN978-4-8113-2751-8 乱丁・落丁本はお取り替えいたします。